百冊で耕す

〈自由に、なる〉ための読書術

近藤康太郎

CCCメディアハウス

カバー絵：

ベン・シャーン「『サルトルのマルクス主義』ウィルフリッド・デサン著の装画」

Ben Shahn, Cover Design for “The Marxism Of Jean-Paul Sartre” by Wilfrid Desan,
Harvard Art Museums/Fogg Museum,
Stephen Lee Taller Ben Shahn Archive, Gift of Dolores S. Taller,

百冊で耕す

〈自由に、なる〉ための読書術

彼の背後に、
彼の前方に、
ひとつの宇宙がある。
そして彼が、
一番左の最後の本棚にある最後の本を閉じながら、
「さて、それで？」とつぶやく日は近づいているのである。

——サルトル『嘔吐』

はじめに　――本は百冊あればいい

ある日、立てなくなったことがある。

長くライターを続けているから、腰痛は職業病のようなものだ。同じ姿勢を続けて腰が痛く、少しのあいだ立てなくなることは、よくある。その日は、違った。そういう痛さではなかった。立とうとする自分の気力に、芯がない。立ちあがって、今日も生きよう。そういう脳の指令を、体が拒否する。

しばらく、四つん這いになって部屋をはい回っていた。

自分の書くものにはなんの意味もない。激しく人に憎まれている。そのころ、そう思いつめていた。人生で初めての経験だった。とうとう夢を見るまでになった。あまりに同じ夢を見るので、手帳に、記録をつけるようになった。日付の近くに「ＮＭ」と書く。「Nightmare（悪夢）」。半年以上はＮＭマークが続いた。

ふだんからテレビもネットもあまり見ないが、このときは一切、だめになった。現実世界につながっていると、思い出す。映画も、いけなかった。一生を、それとともに生きてきた音楽さえ、聴くのがいやになった。思い出してしまうから。

昼間、ふと気を抜くと、考えこんでしまう。酒を飲んで無理やり寝ると、NMである。少しおかしくなった、気持ちが食い違ってきた自覚があった。

こんなだったら、寝る意味があるのだろうか。「夢を見ない眠り」についたほうがよくないか。もう起きる必要は、ないんじゃないか。ぼんやりと、そう、思い始めた。

唯一できたのが、本を読むことだった。

集中しているのではない。目を動かしているだけ。没頭して楽しんでいるのではない。文章を、ただ、目で追う。

それでも、本を開いているあいだだけは、NMは入ってこなかった。忘れられた。それくらいの軽い集中を、文章を読むという行為は、控えめに要求する。内容を理解しなくても、文章を楽しんでいなくても、時は流れた。

そして、人間を悩みや苦しみ、悲しみから解放するのは、時間だけだ。

なぜ本だけは読めたのだろう。ときどき考える。いまも分からない。だが、ひとつだけたしかなことはある。本が〈薄味〉だからだ。押しつけないからだ。

自分が入《い》れる範囲までしか、自分の心に入って来ない。ひとたび入れようとするなら、どこまでも入ってくる。意味を拡張する。染み入る。繊細で、微妙で、薄味な悦びが、頭と心を満たす。気持ちを、逸らす。「いま／ここ」から、逃避する。罰せられざる悪徳・読書。

読書の悦びを書くことにした。

読書なんて人それぞれ。勝手に楽しめばいい。

その通りだ。だから本書は「わたしはこうやって読んできた、こうして読書に救われた」という、単なる体験談に過ぎない。

ただ、嘘だけは書いていない。音楽。文章を書くこと。本を読むこと。自分にとってだいじなこと、自分を救ってくれた恩人についてだけは、絶対に嘘をつかない。固く心に決めている。

目指すのは百冊読書家だ。本は百冊あればいい。小さな本棚ひとつに収まる量。だれでも買える。だれでも持てる。百冊で耕す。カルティベートする。

注意が必要なのは、「本は百冊読めばいい」ではないことだ。自分にとってのカノン（正典）百冊を選ぶために、そう、一万冊ほどは、（読むのではなく）手にとらなくてはいけないかもしれない。

本書は、自力で百冊を選べるようになるための、その方法論のつもりで書いた。

各章は二つの節で構成され、「速読／遅読」など、それぞれが対立する、お互い矛盾するような、読書法の二律背反を書いた。アナログレコードのシングル盤になぞらえて、A面、B面とした。ただしB面とはいえ「裏面」のつもりはない。レコードも、名曲がB面収録ということはよくあること。ローリング・ストーンズ「無情の世界」もGARO「学生街の喫茶店」も、ドーナツ盤ではB面だった。

速読も、積ん読も、音読も黙読も、ノートをとりながらの読書、風呂に入りながらの読書も、自分で百冊選ぶための技術だ。そして、最終的にはその百冊さえ必要ない。わたしは、そうなっていたい。頭の中に、百冊の精髄が入っている。暗唱している。そんな妄想も、最後のほうには書いてしまった。

妄想だが、しかし、嘘ではない。

本に書かされているのだから、仕方がない。

百冊で耕す　目次

第1章

終わりなき論争

速読の技術／遅読の作法

A面

速読の技術

——本を精査するためのスキニング

速読術をうたう本は、ビジネス実用書の一ジャンルとして確立され、いつでも書棚を占めている。速読は、現代人に必須の技術だという。一方で、遅読（スロー・リーディング）の大切さを説く本もある。「速読で身につけた知識は脂肪だ」と言い切る。

速読か、遅読かの二者択一ではない。**速読する本と、じっくり精読するべき本を分ける。**これが、わたしの考えだ。

情報を猛スピードで、大量に処理しなければ、いまの世の中についていけないと、よく言われる。わたし自身は、これを強迫観念だと考えている。むしろ、いまの時代はどうやって情報を遮断するかのほうが重要だ。ネットを切断して、じっくり世界を観察する。考える。あるいは、文章を書く。

そうした「静の時間」をいかに創り出すかにこそ工夫がいる。だから、**速読するのは、静かに精読するためだ**。精読する本を選び出すため、猛スピードでスキニングしていく。精読のための速読だと考えている。

テレビやネット、動画は遅い

もっとも、速読こそ読書の醍醐味とは言える。

わたしはテレビもネットもほとんど見ない。テレビやネットがくだらないというのではない。単純に時間がないのだ。

わたしは百姓であり、猟師であり、鴨を解体してレストランに卸す食肉加工業者でもある。また、私塾の塾長として若いライターを教えている。もちろん、自分自身がライターだ。文章を書くことで生きている。稲作や猟をしつつ、新聞や雑誌に記事を書く。本を執筆する。

まず相当に忙しい部類の人間だろう。

わたしがテレビやネットを見ない理由は、だから〝速読〟しにくいという理由がいちばん大きい。

報道番組でもドキュメンタリーでも、じっくり見たい良質な番組はたくさんある。そういうのではなく、偶然目にした番組で、なにか自分の興味を引くトピックが、ふと現れることもある。なんだろう？　気を引く。

すると、CMが入るのである。知りたい情報はCMのあとに。

CMのないNHKでも同じである。肝心の知りたい情報に達するまで、BGMが入り、再現ドラマが入り、ゲストコメンテーターのリアクションが入り、スタジオのざわめき声（エーー！）が入る。字幕のあるユーチューブや、録画で見ても同じだ。せいぜい倍速、三倍速。遅すぎる。

それが「単なる情報」であるならば、ストレスなく、短時間でたどり着きたい。情報に、そこまでの時間をかける余裕は、自分の人生の残り時間を考えると、とてもない。映像も〝速読〟したいのである。

ネットも同じだ。思わせぶりな見出しにつられて画面をクリック。しかし、知りたい情報に至るまで、何回画面をクリックしなければならないのか。

ネットもテレビも、「遅すぎる」。

ネットニュースは紙のメディア以上に、「見せ方」を重視する。「有料会員になると続きをお読みいただけます」ボタンをどうすれば押してもらえるか。釣り、とはいわないまでも、工夫して見出しを考える。リード部分を切る。たしかに上手なもので、続きを読んでみたくなる、ボタンを押したくなるものばかりだ。そして、後悔することが多い。時間がもったいない。

考えてみればあたりまえで、いままで新聞や雑誌、テレビを見ていて、これはためになった、読んでよかった、見てよかったという記事が大量にあっただろうか。ネット時代に移行したからといって、読む価値、見る価値のあるコンテンツ（いやな言葉だ）が増殖する、そんなことあるわけがない。

要は、読み飛ばす、速読することを邪魔しているのだ。読者、視聴者の時間を奪い合っているのが現代だ。時間が、カネに直結する社会。だから、ふつう言われているように、**現代は情報過多なのではない。情報過少だ。**速読できないように、社会は設計されつつある。

紙の本が速読に最適な理由

速読するために必須なのは、第一に、全体像を見通せることだ。記者会見に出て、その資料が一枚のペーパーなのか、数十枚にも及ぶのか。手にとったその重み、厚みで、人は読むスピードを調節する。適当なスピードを選ぶ。**速読とは、大局判断**のことだ。

第二に、行きつ戻りつできること、パラパラできることだ。速読をしていて、キーワードを見つける。そのキーワードは、前にも出ていたか、今後も頻出するのか。資料を繰って見つけだす。**速読とは、高速移動**のことだ。

したがって、**速読にもっとも適したメディアは、紙の本**ということになる。手にとって、厚みが分かる。全体像が見渡せる。ページを繰って、瞬時に移動できる。

電子書籍はどうか。

のちにも書くことだが、わたしは電子書籍を否定する者ではない。本と、電子書籍とは違うモノ、異なる物体だと言っているだけだ。

電子書籍では、手にとって分かる〝本の厚み〟はない。全体のうち、いまはどこを読んでいるのか、ページ表示されるものの、それは数字データでしかない。どのあたりに、どんなことが書いてあったか、手で覚えているわけではない。だから、全体像を見渡せない。人間は、数字だけを取り出して覚えていることはできない。読書とは、人が考えているよりもずっと、肉体的な営みだ。

また、電子書籍は「パラパラとページを繰って、瞬時に移動」することが、きわめて不得意だ。ページをめくるのがもどかしい。

速読というものは、紙の本でなければ難しいかもしれない。手のひらに載せて本がどの程度の厚みがあるのか。一段組みなのか二段組みなのか。いま開いているページが全体のどのあたりに位置するのか。似たようなトピックを扱っている箇所はほかにもあるか。たびたび目次に戻って参照したり、ページを高速度でめくって小項目を探したり。

速読力を養う五つの技術

多くのビジネス書、実用書の類いは、練習すれば速読できるだろう。一分で五〜十ページ。新書サイズならば一時間もあれば一冊読み終える。それぐらいのスピード感。小説は、速読するものではないとわたしは思う。だが、速読できる場合はある。資料として使うもの、あらすじが分かればいい小説ならば、速読できる。

読むことが仕事であるライター仕事をしていれば、しぜん、速読の技術には通暁《つうぎょう》するようになる。以下はそのテクニック、まずは簡単なほうから。あくまで一例で、読者の参考になればうれしい。

（1）音読しない——視覚で読む

自分で気づいていない場合も多いが、小さく唇を動かして文章を読んでいる人がいる。妙な言い方だが、黙読しながら音読している人もいる。声を出さず、唇も動いていないのだが、一文字ずつ目で追っている。あるいは、脳内で音に再生している。いわば疑似音読だ。

そうではなく、文字という象徴（シンボル）を、視覚情報として脳に入れる。文字を、**〈読む〉のではなく、〈見る〉**。聴覚ではなく、視覚。意識するだけで、格段にスピードは上がる。

（２）漢字だけ追う――日本語という利器を生かす

古代、無文字社会だった日本は、中国から漢字を輸入した。はじめは万葉仮名として、漢字を日本語の音に該当させていた。阿（あ）、伊（い）、宇（う）、衣（え）、於（お）、青丹吉（あを・に・よし）、咲花乃（さく・はな・の）、などと書いていた。

それでは時間がかかりすぎるので、簡略にするためにひらがな、カタカナを生んだ。漢字を崩した草書体からひらがなを、偏《へん》や旁《つくり》だけに省略したカタカナを作り、助詞などにあてていった。漢字仮名まじり文である。これは、世界でも類例のない表記法で、日本文化最大の発明だ。

だから、日本語を読み、書けるというのは、それだけで宝くじに当たったような僥倖《ぎょうこう》なのだ。名詞でも動詞でも形容詞でも、いわば**大事な「概念」は漢字**にしてある。そして、**日本語の「情緒」は、送り仮名**にある。「てにをは」が日本語の骨法だ。わたしたちの祖先は、じつに便利かつ美しいシステムを開発してくれたのだ。

これを利用しない手はない。日本語の本質は送り仮名にあるといってもいいが、しかし、これは「情緒」なのだから、情報だけを得ようとする速読ならば、読み飛ばしていいだろう。


例をあげる。


象は鼻が長い。

象の鼻は長い。

象が鼻は長い。


この文章は、いずれも違う情緒、異なった「感じ」がある。その違いを味わうことが、日本語を読むことだ。

しかし、情報だけ分かればいい速読ならば、象↓鼻↓長だけ目に入れば十分だろう。漢字だけに目を走らせる。それだけで文意がつかめる。

これはやや極端な例だが（この文章を題名にした日本語論の名著がある。三上章『象は鼻が長い』）、もっと長くて、複雑な文章になるほど、この手法は効果がある。

（3）段落読み——眺めると見える景色

文章を目で追うのではなく、段落全体を、いわば眺める。遠くから見る。

アメリカのジョン・F・ケネディ大統領が新聞各紙を速読するとき、この手法を使っていたといわれる。文章のひとつひとつを等速直線運動で読んでいく必要はない。文章には、読み飛ばしていいところと、注意して読まなければならないところが散在している。必要部分を、発見するように全体を眺める。

その場合、とくに**接続詞に注目**する。逆接の接続詞、「しかし」「だが」「けれども」「ところが」などが、段落の始まりに置いてある場合は、そのパラグラフ全体が文章の重要部になっている可能性が高い。少しスピードをゆるめる。論理構成を読みとる。「第一に」「第二に」という**アクセントに注目**するのもいいだろう。ポイントを箇条書きにしている。

速読といっても、緩急をつけるのが大事だ。超高速で「眺める」ところがあり、少し注意して「目で追う」ところがある。しかし、けっして音読も疑似音読もしない。

（4）探し読み——問題意識の自覚

目的意識をはっきりさせて読む、と言い換えてもいい。

わたしは新聞や雑誌に記事を書くライターでもある。三十五年間、じつにいろんな人にインタビューさせてもらってきた。小説家にミュージシャン、俳優、映画監督、ダンサーら芸術系の人も多いが、政治家や経済人、学者にもよく取材した。

事前に、相手の作品や、その人について書かれた記事、インタビューをどれだけ多く目にしておくかが、取材の成否を握る。こういうときに役立つのが、超速読術だ。本で言えば、一冊につき十五分から三十分くらいで読みあげるイメージ。

仕事はつねに、何本かを同時並行して進めていた。ほんとうは取材対象についての本や資料を何冊も精読して向かうのだが、取材場所に着くあいだの、電車やバスに乗っているわずか十数分で下調べをすませるという、本来あってはならない綱渡り取材も、けっこうした。

そんなとき、漫然と読んでいたのではとても間に合わない。だから、自分はそもそも、その取材相手になにを聞きたいのか、煎じ詰めてよく考える。すると、そのトピックに近接する単語が目に飛び込んでくるようになる。

本であれば、目次をじっくりと眺める。どの章を読めば、自分が聞こうとしているテーマが書かれているか、だいたい分かるものだ。その章を集中して、読むというより、探す。キーワードをピックアップしていく。

漠然とした情報ではない。自分は、この著者になにを聞きたいのか。この本からなにを知りたいのか。まずはそこを確定する。速読は、自分の目的を考えることから始まる。

（5）同時並行読み――すきま時間で読む

万人に向くわけではないが、本は、何冊か同時に読み進めることも試してほしい。先ほど述べた、資料としての超速読ばかりではなく、カバー・トゥ・カバーでじっくり読む古典についても、同じだ。

一冊を読み終えるまで別の本を読めない、読まない人が、かなりの数いる。小説でいえば「あらすじがごっちゃになってしまう」ということがある。あるいは、集中して読み切ったほうが速い、たくさん読める、という人もいるだろう。

同時並行読みをすすめる理由は、速読のためというのもあるが、**多ジャンルの本をまんべんなく読むため**、という意味が強い。のちに書くが、①海外文学②日本文学③社会科学か自然科学、それに④詩集の四ジャンルくらいは、偏ることなく読んでいきたい、とわたしは考えている。

わたしの場合、ある本を十五分読むと、ほかの本に移る。十五分にあわせたキッチンタイマーを、書斎やリビング、食卓、風呂場にさえ用意してある。仕事の合間、リビングでコーヒーを飲むとき、食事をするとき、いずれも十五分単位で本を読む。そしてそれは、全部違う本だ。

なぜ十五分かというと、それより短くすると、小説でも社会科学、自然科学の本でも、意味のかたまりがとりにくくなる。また十五分を超えると、こんどはインプットの時間をとるのが億劫になる。

読書は最低一時間続けたい。落ち着いて。お気に入りの喫茶店で——。そういう気持ちは、よく分かる。

しかし、そういう特別な一時間が空くまで読書をしないのならば、少なくともわたしにとっては、週に一回時間をとるのも、難しいかもしれない。猟師も百姓も、長時間労働なのだ。だからこそ、十五分である。仕事でひと息ついたとき。起きた直後。寝る前。**十五分のすきま時間ならば、工夫次第で、一日に数回はとれる**だろう。どうせ細切れ時間になって集中が途切れてしまうのならば、いっそ違う本に。本のローテーション制、という発想だ。

ためしに二、三冊程度の同時並行読みを半年ほど続けてみてほしい。「速くなった」と実感できる人は、そのまま習慣に。「自分にはどうにも向かない」と確認できた人は、一冊読み切り読書でかまわない。ただし、多ジャンルの本を読むのは心がけたい。

伝説の速読家、芥川龍之介

ところで、速読が得意だった人は、だれだろうか。現代日本の作家では、司馬遼太郎、井上ひさし、大江健三郎、この三人が御三家であったといわれている。

もっと昔、伝説の速読家に、芥川龍之介がいる。食事中に書物を手放さないのはあたりまえ。来客中も本を片手に談笑しつつ、下を向いてページを繰っている。客は「ああ、またやってるな」と思ったそうだ。

英語も速読できた。「普通の英文学書ならば一日千二、三百ページは楽に読んだ」というのだから、にわかに信じられないほどの速読家だ。

「芋粥」は、芥川の短編のなかで、わたしがもっとも好きな作品だ。「王朝もの」といわれている作品群のひとつで、宇治拾遺物語に題材を得ている。

平安時代、風采のあがらない貧乏侍「五位《ごゐ》」がいた。上司にも同僚にも、子供にさえ馬鹿にされる、うだつのあがらない男。自分の酒瓶の中身を飲まれて、そのあとへ小便を入れられるという、たちの悪いいじめも受ける。

しかしそんなときでも、この男は怒りを見せない。怒ることができない。

彼は笑ふのか、泣くのか、わからないやうな笑顔をして、「いけぬのう、お身《み》たちは。」と云ふ。

芥川龍之介「芋粥」

うだつのあがらない男の発する、なにげないこの言葉を耳にして、ふと、ある若侍が電撃に撃たれる。深く、感じ入る。自らを恥じる。

所が、或日何かの折に、「いけぬのう、お身たちは」と云ふ声を聞いてからは、どうしても、それが頭を離れない。それ以来、この男の眼にだけは、五位が全く別人として、映るやうになつた。営養の不足した、血色の悪い、間のぬけた五位の顔にも、世間の迫害にべそを掻いた、「人間」が覗いてゐるからである。この無位の侍には、五位の事を考へる度に、世の中のすべてが、急に、本来の下等さを露《あらは》すやうに思はれた。

（同前）

物語の筋とは関係のない、なんということのない一節だが、わたしはこの一節から離れられなかった。救われた。

弱き者、小さくされた者、世間の迫害にべそをかいた人間。なぜか子供のころから、わたしの眼にも、それら「五位」たちの姿が映りやすかった。その声が耳を離れがたかった。彼ら彼女らに、大きな過ちを犯さずに生きていきたい。〝マッチョ〟で、無意識に人を傷つけやすいわたしに、多少なりとも歯止めがかかっているならば、それはこの作品のおかげだ。

つねづね、どこかで読んだことのある話だとは思っていた。ある日、ゴーゴリの『外套』に似たような筋があることに気づいた。どうやら英訳本でゴーゴリも読んでいたらしい。親友である作家・久米正雄に、そういう証言がある。

芥川の速読は、希代の名作も生んだ。

速読は、人を救うことがある。

B面
遅読の作法
――空気を味わうためのテクニック

「芥川は速読しかできなかった。だから死んだ」
一瞬たじろぐ辛口の評は、『風立ちぬ』の作家・堀辰雄の言である。
速読が死の一因であったかどうかはともかく、百冊読書家も「速読しかできない」のではよろしくない。

一日に三冊もの本を読む人間を、世間では読書家というらしいが、本当のところをいえば、三度、四度と読みかえすことができる本を、一冊でも多くもっているひとこそ、言葉の正しい意味での読書家である。

篠田一士『読書の楽しみ』

まじめに書かれた本は、速読を峻拒《しゅんきょ》する。わたしは実用書や、取材で使う資料としての書籍は速読するが、たとえば小説を速読することは、まずない。速読するくらいなら、小説など読まない。小説とは、あらすじを追うものではない。あらすじなんか、どうでもいい。**小説とは、作品に流れる空気を味わうものだ。**空気は、速読すると風に飛ぶ。

書くことを職業にしている者にしては、わたしは、読むのがかなり遅い。日本語の小説だと一分で一ページ。前述したように十五分単位で一冊の本を読んでいるので、十五ページ。社会科学系の新書ではもう少し速くなり、十五分で二十ページほど。難しい思想書ではぐっと遅くなる。十五分で十ページ程度しか読めない。

英語本になるとさらに遅くなり、日本語の半分か。スペイン語の本ならば十五分で一、二ページしか読めない。

それで満足しているわけではない。しかし、世に言う速読トレーニングを受講して、速く読めるようになりたいとも思わない。目的が違うのだ。

遅読で味わい尽くすための四つの作法

速読だけでなく、遅読にも技術がいる。作法がある。

（1）文章のリズム、メロディー、グルーヴに乗る——世界に染まる

社会科学系の本でも本質は同じなのだが、ここでは小説を例にとる。
小説を読むという行為は、かなりヘンなことだということは、自覚したほうがいい。赤の他人が書いた、ありもしないフィクション、「お話」を読むのである。お話をねだるのは、寝る前、布団に入り、親に絵本を読んでもらう、就学前の子供で卒業すべき営為だ。いい年をして、われわれがお話を欲するのはなぜか。それは、文章そのものを味わうからだ。文章に内包された、リズムを楽しむからだ。文章が奏でるメロディーを口ずさむためだ。文章が組み合わさって構築される物語、その物語がもつグルーヴの大波に乗るためだ。

グルーヴの大波に乗せられて、つまり世界観を信じ込まされて、水平線を越え、どこかまったく知らない島に漂着する。小舟から降り立つ。周りを眺める。世界が、風景が、一変している。その〈経験〉こそ、小説を読む意味だ。文章を読んで、まったく別の地表に、立った。自分にしか分からない、そのたしかな足裏の感触が、この忙しい時代にわざわざ小説などを読む意味だ。

文章そのもののリズムを味わう。メロディーを口ずさむ。グルーヴに乗せられる。そのつもりで、味読する。しかし、それでも乗れなかったら……。それはあなたの舟ではなかったのだ。読むのをやめよう。新しい舟はいくらもある。

（2）ドッグイヤー、アンダーライン、メモ、付箋――わたしの証

ドッグイヤーとは、**ページの上端・下端を三角に折っていくこと**。

アンダーライン（傍線）は、シャープペンシルでも色鉛筆でも蛍光ペンでも、なんでもかまわない。**本に印をつけていく**。わたし自身は、蛍光ペンより書くのが速く、赤鉛筆ほど目立ちすぎない、黄色のダーマトグラフを愛用している。

特に重要だと思ったところは、ページの余白にメモも取る。

本は、たしかに大事なものだ。人類の宝だ。しかし、大事にしすぎると、本を読む意味はほとんどなくなる。使われない名刀は錆びる。

庶民は紙の本など一生に一度も手にしない時代があった。

印刷された本が少なかったから、読書とはすなわち、希少な本を繰り返し熟読、精読することだった。江戸時代の学者、伊藤仁斎は論語を五十年、読み続けた。本居宣長は古事記や源氏物語を、三十五年読んだ。

いまから千年以上前、平安時代の貴族にとっても、紙の本はきわめて貴重なものだった。源氏物語で、光源氏の息子の夕霧は、大学で学んだとき漢籍に爪の跡を残して勉強した。紙は汚せなかった。大臣の息子にしてからがそうなのだ。

それに比べれば、百冊読書家は王侯貴族以上だろう。光源氏より、上だ。本は、安い買

い物なのだ。現代に生まれた幸運に感謝して、本を折ろう。線を引こう。メモを残そう。どうしても抵抗があるならば、付箋を貼って、メモをそえる。読書日記をつける。**読書とは痕跡**のことだ。著者とつきあうことだ。自分の感情、思考、その痕跡を残す。

（3）音読する――古典、漢文に近づく

速読法では音読してはならない。遅読でも基本的には黙読するのが望ましい。だが、どうしても**意味の取れない本、読めない本は、音読するのがひとつの手**かもしれない。先にも引いた源氏物語を、わたしはあるとき、むしょうに読みたくなった。現代語訳ではなく、原文で、紫式部の文章で読みたい。

しかし、これはきわめて難事だった。紫式部は、敬語の教科書といわれるほどにきらびやかで正確な敬語を使い分けて書いた。それはすなわち、主語を省略しまくっていることも意味する。平安朝の教養ある貴族は、敬語の使い方で主語や目的語が特定できる。だから、わざわざ書く必要はない。かえって煩瑣《はんさ》になるので省く。

つまり、この本は、読者を選んでいるのだ。

昭和文学の大家である正宗白鳥も、源氏物語を「古今東西にあり得ない最高の小説」と称えているが、白鳥は、アーサー・ウェイリーによる英語訳で読んでいた。そして、式部

の文章はとても読めないとも言っている。

文学史上の大教養人ですらそうなのだから、わたしが苦労するのはあたりまえ。であれば、堂々と、ゆっくり、音読する。現代語訳を先に読んで参考にするのがいい。脚注も同時に読んでおく。

なにも大学受験をするわけではない。現代語訳を先に読んで、大意をつかみ、ゆったりした気持ちで、楽しんで、朗々と声を響かせる。わたしのお気に入りは、風呂場で朗読することだ。

声が響く。


強調しておかなければならないが、わたしはなにも、高校時代に古文や漢文の成績がよかったわけではない。高校にはほとんど登校さえしなかったので、全般的に成績は悪かったが、とりわけ古文は苦手だった。それがいま、この方式で式亭三馬を読み、西鶴を読み、本居宣長、上田秋成、世阿弥、鴨長明、吉田兼好、平家物語と時代をさかのぼってきて、世界に冠たる宮廷文学の最高峰を音読している。こんなことは、だれでもできる。

こつがある。ひとつだけある。

あきらめないこと。続けること。

つまり、馬鹿になることである。

そもそも、昔の人の読書も、これに似たものだった。論語、孟子、大学、中庸、詩経、書経、易経、春秋、礼記。これらの書物を、素読《そどく》する。ただ、声に出す。朗読する。声帯を震わせる。

内容など分かっていない。いずれ分かるときがくるのかどうかも、分からない。気が遠くなるような読書体験だ。

これを、すべての読書でまねしようとは思っていない。ただ、源氏物語や論語や聖書、仏典などは、音読するだけで気持ちのよくなるリズムが埋め込まれているものだ。そうでもなければ、千年、二千年と読み継がれていない。

本を読むとは、結局、人類を信じるということだ。人間に信をおくということだ。自分の判断力などあてにしない。しかし、わたしたちの先輩は信用する。いままで人間が読み継いできた本は、安心して、ゆっくり、意味が分からずとも、音読する。

時間ほど、世の中に信用できる批評家はいない。

（４）書き写す――至福の勤行

究極の遅読は、書き写すこと。いわば写経だ。写経というと、我慢を強要する修業のように思うかもしれないが、それは誤解だ。それどころか、至福の読書術といっていい。

「抜き書き」と、本書では名付けておく。
これについては第11章に詳しく書いている。

ところで、芥川の速読を戒めた堀辰雄は、プルーストの大長編『失われた時を求めて』を、詳細に、ノートにとりつつ読んでいた。ノートに原文を書き写し、辞書を引き、構文を解明し、丁寧に読み進めた。遅読の最たるものだ。

そして堀は、この本を読み終える前に死んだ。読書は、ついに未完に終わった。

十八世紀のフランス革命では、貴族たちが次々に処刑された。処刑の前、泣き叫び見苦しいのは男のほうで、女性は平然としていた人が多かった。

そのなかでも、シャロストといわれる公爵は、様子が少し違った。処刑場に向かう馬車で、ずっと本を読んでいた。いよいよ階段を上がる段になって、ページの端を折った、という（ブクテル／カリエール『万国奇人博覧館』）。

本を読むとは、未完の人生を生きることだ。

第2章

本という投資

本を買う／本を借りる

A面

本を買う

――百冊読書家になる

本は買うか、借りるものなのか。

これは、意味がない問題設定だろう。どういう本を買うか。どういう本は借りて済ますか。**その基準を、自分のなかでつくり上げる**。

本は、ある程度は買うものだと思う。買って、手元に置いておく。読んで終わり、という読書は少しさびしい。それは、気晴らしだったり、あるいは仕事の資料であったりする。

人間と付き合うようにして本とは付き合いたい。いつでも手に取り、ページを繰る。背表紙を眺めているだけでもいい。恋人や家族、友人のように、本にはかならずそばに「いて」もらいたい。

本棚が、人格を作る。

以前ニューヨークに住んでいたことがあって、そのころ、フリック・コレクションやモーガン・ライブラリーに行くのが楽しみだった。飽きずに、何度も通った。かつての大富豪の邸宅には、絵画など美術品のほかに、立派な図書室もあって、わたしのお気に入りはむしろそちらだった。飽きることなく部屋にたたずんでいた。そんな見物客はわたししかいなかった。

高い天井、細長の窓から差し込む光、作り付けの本棚、書棚の高さにぴたりと合った、古くて高価そうな書籍。横に細長く、本を並べるのに使い勝手のよさそうな書見机。

大富豪たちは、その書物を読んでいたわけではないのだろう。家具調度品のひとつ。持ち主の知性をひけらかすような役割を果たしたのかもしれない。

しかし、それでいいのではないかと思う。それはすなわち、「自分は知性に重きをおく人間だ」ということをパブリックに示していることだから。

これは日本での話。一時期、大いに売れた経営評論家の仕事部屋に入ったことがある。壁一面の書棚にあったのは、自己啓発書や軽いビジネス書、いずれも一時間あれば読み切ってしまうような本ばかりだった。心理学や精神分析学、経済学、経営学、歴史書や哲学書など、研究に一生をかける人がいるような、重厚な書物は見当たらない。

本棚の背表紙というのは、その人の脳を見せているようなものだ。その人の服、美的センスの現れでもある。深みのある本棚を最初に作ってしまえば、その人は、いずれ深い人間になる。美しい本棚の持ち主は、やがて美しい人になる。本棚が人格を作る。

とはいえわたしたちに貴族や大富豪のような図書室を持つことはできないし、その必要もない。

誰でも目指せる百冊読書家

百冊の本棚を作る。

この本の目標は、そこにおく。人生の最後には、百冊読書家になっている。本を買い慣れている人は「たったそれだけ？」と言うだろう。ふだん本を買わない人は、「百冊でも多い、とても無理」と思うかも知れない。

わたしのいまの書棚は、数えたことはないがおそらく五千冊を超える程度。のちに書くが、『モンテ・クリスト伯』に出てくる四人と、偶然、同じくらいだ。物書きとしてはぜんぜん多くない。一万冊収容できるだけの本棚は買ってある。しばらくはまだ増えるのだろう。しかし、死ぬまでにはこれを百冊に絞っていきたい。
Todos nos moriremos.　いずれ、みんな、死ぬ。
ふつうの読者はそんなに持つ必要はないと思う。本を千冊以上持つのは、経済的にも、心理的にも、苦しいものだ。だから、百冊の本棚を作る。**中身を、入れ替え制でどんどん立派なものに**していく。そういうイメージ。

生まれた年代を考えても、わたしはたいへん貧しい家庭に生まれた。風呂もテレビもエアコンもなかった。いつも穴のあいた靴下をはいていた。黒塗りの本棚が、ひとつだけあった。横は肩幅程度、高さは腰までしかない。本は十冊、あったか、どうか。色のはげてガタがきている三段の黒い本棚は、わたしが働き始め、東京から引っ越すときに、実家から持っていった。その後十回以上引っ越しを重ねたが、捨てなかった。捨てられなかった。蔵書が数千冊になったいまも、まだわたしの手元にある。いちばん大事な本を入れている。

すべては、ここから始まった。

こんな小さな本棚にも、詰め込めば、百冊は入る。

本棚ひとさおに収まるだけの本しか持たないと、まずは決めてしまう。そこに、自己啓発本やお手軽なビジネス書の入り込む隙間は、おそらくないんじゃないか。いや、買って読んでもいい。しかし、読んだら処分する。古本屋に売る。

百冊本棚に収まる本は、富豪や貴族の図書室のような、高さのそろった美麗本である必要もない。**文庫本でいい**。古典的な価値のある本はむしろ、文庫になっている。

新刊本である必要もない。

わたしは、中学、高校、大学時代、おもに古本を買っていた。書いたように極端な貧乏だったので、新本にはそうそう手が出なかった。アルバイトで稼いだカネを、古本とＬＰレコードにつぎ込んだ。

ここは東京に生まれた者の強みだが、神田や早稲田など古書店街があるので、いくつか店を回っていちばん安い、カバーの付いていない岩波文庫や新潮文庫の古本を買い集めていた。古書店にしてみるとありがたくない客だが、まずは道路にさらしてある百円均一棚をなめ回す。意外な放出本がないか、探した。店内に入るのは、そのずいぶんあとだ。

そんなふうにして見つけた本に、エミール・ゾラ『ジェルミナール』がある。岩波文庫の三巻本で、最初、上巻と下巻を均一棚で見つけて百円で買った。三巻揃いは、当時のわたしには高すぎて手が出なかった。その後、中巻だけをバラ売りで見つけるのが難しかった。一年以上も探し続けただろうか。神田のビル二階にある古本屋の書棚に、中巻だけが無造作にささっているのを見つけたときは、声が出た。古本の匂い、店の照明、本棚の位置も、いまだに覚えている。

上巻と下巻をすでに読み終えていたのだから、これは本読みからすれば、妙な話ではある。ネットで検索して簡単に取り寄せられるいまの時代に、こういう喜びは味わえない。便利も良し悪しだ。

昔、河出書房新社から「グリーン版全集」と愛称された世界文学全集が出ていて、よく売れた。家庭の書棚の飾りとして買う人が多かったのかも知れないが、訳出された作品は選りすぐりで、定評があった。

このグリーン版全集所収作品を文庫だけでどこまでそろえられるかという、お遊びのようなコレクションもした。一九八〇年代の終わりだが、六割ほどは文庫でそろえられた。それはともかく、貧しかろうと、部屋が狭かろうと、**本棚スペースを先に作ってしまう**。この百冊本棚にもう入らないとなったら、自分にとっての重要度が低い本から泣く泣く処分していく。放出する。いわば入れ替え制だ。

アレクサンドル・デュマの大小説『モンテ・クリスト伯』では、無実の罪で投獄された主人公が、同じ牢獄にいて脱獄を試みる老人から、さまざまに不思議な話を聞く。

なんでも知っており、実行力もある老人は、自分の脳が〝本棚〟だった。

ローマでは、図書室におよそ五千冊ばかりの書物を持っていた。それをたびたび読みかえすうち、うまく選択した百五十冊の本さえあれば、それが人間のあらゆる知識を完全につづめたものとはいえないまでも、少くも知っておいて役立つもののすべてが得られることを発見した。わしは三年の間、くり返しこの百五十冊の本を読んだ。そして、逮捕されたときには、それらをほとんどそらんじてしまっていた。

デュマ『モンテ・クリスト伯』

わたしだけの百冊読書棚

百冊しか本を持たないと決めたとき、そこにある本はどんなものだろうか。わたしの場合、ビジネス書やベストセラー本は、おそらく残らない。一方で、ドストエフスキー全集や漱石全集のうちいくつかは、死ぬまで百冊読書棚に残っているだろう。

もちろんビジネス書やベストセラー本があったっていい。読者それぞれに審美眼、鑑識眼があってほしい。その「眼」を養うための、あくまでひとつの方法論を、この本では書いていくつもり。

泣く泣く放出する本も、ある。しかし、そこには痕跡が残る。残す。

それが、抜き書き帳（第11章）であり、コピーした資料のファイリング（第2章）だ。

電子書籍と紙の本、それぞれの機能

ところで、電子書籍はどうなるのか。電子書籍なら、百冊という上限を設ける必要はないのではないか。

理屈はその通りだろう。しかし、電子書籍は、「本」ではないということを肝に銘じなければならない。**「本」と「電子書籍」とは、まったくべつのものだ。**

本には本の使い道がある。電子書籍には電子書籍の使い道がある。場所をとらない電子書籍は、カネに余裕があるのなら、まず無尽蔵に集めてもかまわない。

電子書籍は、ある特定のキーワードで検索するのにすぐれている。

柳田國男や折口信夫らの、わたしの仕事で、資料としてよく検索する全集を電子書籍化してくれれば、どんなに助かることか。

しかし、たとえばシェイクスピア全集は、かりに電子書籍でそろえても、実物の本はまだ捨てないだろう。同じ文学でも、明治文学全集全百冊が電子化されたら、もしかしたら、実物の本は処分するかも知れない。

それは、**シェイクスピア全集は**〈**本**〉であり、**明治文学全集は**〈**資料**〉だからだ。

資料は、カバー・トゥ・カバーで読むものではない。必要なところを、拾う。調べる。検索性にすぐれ、場所をとらない電子書籍は、まさに資料の保存にはうってつけだ。カネさえあれば無尽蔵に集められる。

ところが、本は、調べるものではない。読むものだ。そして、読むという行為は、ずっと肉体的なものだ。運動に近い。体を使う。

だから本も物質性がだいじなのだ。手に持つ。重みがある。表紙の、ページの、手触りがある。その形状の記憶が、本の価値だ。

インクの匂いのするような、ピカピカの新本がある。先の『ジェルミナール』のように、古本屋で苦労して見つけた、ぼろぼろになった、綴じ込みも怪しい文庫本がある。旧字体、旧仮名遣いの、戦前の古本。扉に「定価五拾圓」なんて書いてある。著者検印がある。

そうした本で、衝撃的な一文に出会う。人生を変えてしまうようなシーンに出くわす。その文章を読んだとき、どこにいたのか。バスに乗っていたのか。家のこたつでうつらうつらしながら読んでいたのか。本の、だいたいどのくらいの位置にあったのか。そうした事態を、手で、覚えている。それぞれに大きさも重さも違う**本という物体が**、**記憶を喚起**

する。

それが読書だ。本を読むという行為の実態だ。

以前、「4000冊の蔵書が吹っ飛んだ」というタイトルのネット記事が話題になった。アマゾンで買いそろえていた電子書籍のデータが、一挙に消えた。読めなくなった、という。

四千冊も蔵書のある読書家が、すべて電子書籍でそろえていたなんてことがあるのだろうか？　その疑問で記事を読み始めたのだが、はたして、それはほとんどすべて漫画であった。アマゾンの規定に反して割引制度を〝悪用〟し、アマゾンから電子書籍へのアクセスを拒否された、という話であった。

「だから電子書籍は怖い。物体である紙の本で集めなければならない」と言いたいのではない。この人にとっては、漫画〝本〟も、あくまで資料であったのだろうということだ。

じっさい、本人は記事のなかで、四千冊の漫画が、いったいなにとなにであったか、「把握できない」と書いている。資料なのだから、それは当然なのだ。悪いことではない。資料は、検索できればいい。資料は、必要なときに、素早く引っ張り出せればいい。

だが、本は違う。本は、いつでも、物体として、目の前になければならない。背表紙が見えていなくてはならない。背表紙を見せ、横積みにせず、書棚に立って並んでいなければばならない。

本は、読むだけではない。本は眺めるものだ。なで回すものだ。わたしは、それに生かされてきた。読んだ場所、読んだ時間、読んだ日差し、読んだ風の匂いを、五感を使って記憶に定着させる。

生きるとは、本といた季節の記憶。

B面
本を借りる
――図書館マスターになる

「これは」と思った本は買い、手元に置く。背表紙を眺め、酒やコーヒーを飲むだけでもいい。本棚が人格を作る。自分は、こういう本を手元に置き、愛読・再読する人間だと、自分にいいきかせている。

しかしそれだけでは満足できない。新刊本も、話題本もベストセラーも、たまには自己啓発書やタレント本だって、本は浴びるように読む。読みたい。

いまはアマゾンや楽天などネット書店が隆盛で、リアルの本屋さんはどんどん閉店している。時代の趨勢《すうせい》で仕方ない側面もあるが、ネット書店で本を買うと、次々にあなたへのおすすめ本をリコメンドしてくる。わたしは、これを使ったことがない。決してクリックしない。

アルゴリズムによるリコメンド機能は、わたしの脳を萎縮させる。好奇心をしぼませる。読書の本質とは、自分が予想していないもの、期待していなかった出来事、場合によっては望んでさえいなかった事件と、イレギュラーに出会うことだ。

他者の脳内をめぐる、書店散歩

思いもしなかった出会い、運命的な出会いがあるのは、いつも書店であった。

志のある書店員がいるところは、すぐに分かる。棚の作りが、雄弁に語っている。ベストセラーを山のように積み上げて、派手な売り方をしている「だけ」の書店は、もはや書店の香りがしない。そういうところではなく、特設コーナーに個性があるところで本を買う。地味な本でも、古い本でも、企画棚を作る書店員の配置の妙で、新しい息吹が与えられる。

似た本を並べるAＩのリコメンドではない。そこには、交通事故のような出会いがある。ノイズがある。結びつかないものが、結びついている。**他人（書店員）の頭が考える類似性は、わたしの類似性とは異なる**のだから。

お気に入りの書店を見つけ、そこを、一週間に一回などと決めて、定点観測していた。特設コーナーはもちろんのこと、すべての書棚を、さっと見つめる。本の配置が変わったらすぐ気づく。それくらいに通い詰める。

かつては書棚の配置に特色のある書店が、いくつもあった。惜しまれながら閉店した東京の池袋リブロ、パルコブックセンター渋谷店などがわたしのお気に入りだった。どんどん閉店してさびしい限りだが、いまでも、たとえば大阪の梅田蔦屋書店など、志の高い書店はいくらもある。自分のお気に入りを見つけて、定点観測に通う。

新聞記者や雑誌記者として働いていたころ、いちばんたいへんだったのは企画を考えることだった。世の流行を追い、しかし流行におもねるのではない、一風変わった、多くの人が読んでくれそうな企画。それを考え出すのは、楽しくもあるが、とても苦しい仕事だった。

わたしの場合、企画の多くは書店で思いついた。これは、ライターだけではないだろう。およそ人と関わる商売では、企画を考え出すことが、その成否を決することになるのではないか。

週に一度、リアルの書店を定点観測し、企画を考える。資料を買う。偶然目にして気に入った本を買う。これは、楽しい散歩だった。

しかしそれも、都会に住む者にだけ許されたぜいたくではある。わたしは二〇一四年に長年住み慣れたホームタウン東京を捨て、九州の地方都市にやってきた。三県三市に住んだ。それぞれ人口十万前後の田舎街ばかりである。そういうところには、まず、書店がない。あったとしても、ベストセラーに写真集、雑誌がいくつか、あとは文房具が置いてある。定点観測しても、ほんの数分で終わってしまう。

そういう街では、もはやネット書店を使うしかないのかというと、そうでもない。手はある。武器は二つ。**新聞書評**と、**最寄りの図書館**。

新聞書評——一流の本読みが集う紙面

なぜ、新聞書評か。ネットの書評ではだめなのか。

わたしは新聞記者として、読書面の編集にも携わった。だから知っている。新聞の、読書面にかける時間とカネは、やや異常だ。ものすごくぜいたくに作っている。

新聞社の読書面編集部には、国内のおもだった出版社から、毎日、多数の書籍が送られてくる。書評してほしいという売り込みで、これだけでもたいへんな数になる。

こうした献本以外にも本は出版されているから、見落としがないか、自分たちで探して買ってくる。わたしが働いていたころは、二人の新聞記者が、神田神保町にある大型書店に赴き、そこの一室を借り切って、店員に並べてもらった新刊本を手にとって調べた。大の大人が二人して、何時間もかけて、まだ入手していない、しかし重要な本がないかどうか、目をこらす。

その書籍を新聞社に持ち帰り、出版社から送られてきた献本数百冊と合わせ、記者数人でチェックする。書評するにあたらないものは、候補からどんどんはずしていく。そうして残ったのが百冊あまり。これを、こんどは正式な〝競り市〟である書評委員会にかける。

書評委員会とは、新聞社外の作家や評論家、学者、アーティストら、ギャラを払って委嘱した、本の「目利き」たちの会合だ。その人たちが二週間に一度、小一時間、棚の上の百冊余の本を立ち読みする。書評するべきだと直感した本を、一人につき数冊ずつ持ち帰る。

書評委員は二週間後に再び集まり、じっさいに読んでみてどうだったか、合議で報告する。書評を載せるべきか否か。載せるにしても、大きな記事がいいのか、小型書評ですませていいのか議論する。

どうでもいいことだが、合議の場では豪華な弁当が出る。合議のあとも、希望する書評委員が居残って社内のレストランで歓談する。一種の知識人サロンのようだ。この知的歓談が楽しみで、わざわざ書評委員会に出てくる人だっている。もっとどうでもいいことだが、書評委員会の先生方は、自宅や職場まで、黒塗りのハイヤーで送り迎えする。いずれもコロナ前の話だが、これが常態だった。

こんなぜいたくが許されるのかと糾弾したいのではない。カネを払っているのは新聞社だ。必要と思う取材には、いくらでもカネをかけたらいい。

そうではなく、このように、**時間も、カネも、人手もかけて作られているのが、新聞の読書面**だということだ。

これだけのカネや手間ひまをかけて、彼らはなにをしているのか。

「わたしのため」に、下読みしてくれているのである。

新聞各社の書評委員は、日本でも有数の知識人だ。その、プロ中のプロである「本読み」が、あまたある新刊書の中からの選りすぐりを、難しい専門書も、高価な学術書も、ベストセラーや手軽な文庫・新書も含めて、「わたしのため」に下読みしてくれているのである。本の読みどころを、紹介してくれているのである。

これを利用しない手はない。大きな声で言えないが、わたしなどは、新聞は書評だけ読んでいればいいとさえ思っている。

ただ、一紙ではだめだ。朝日、毎日、読売、日経、産経の全国紙。さらに、東京に住んでいるなら東京新聞や、地方在住ならブロック紙、地方紙と呼ばれる地元の新聞を入れて合計六紙。すべての書評欄に目を通す。

新聞をよくそろえている喫茶店で、土曜と日曜に、書評を読みながら数時間を過ごすなんて、ぜいたくな時間の使い方だろう。そんな喫茶店がないのなら、土曜、あるいは日曜の、書評が載る日だけ新聞を買う。六紙買っても千円ほど。

図書館、使い倒しマニュアル

喫茶店に行くカネがない。新聞を買う余裕もない。そういう人は、最寄りの図書館へ行けばいい。

せっかく図書館へ行くのなら、あえて古い新聞を読むのもいいものだ。ちょうど**一年前の書評を読む**なんて、どうだろう。縮刷版で、一年前の同月同週の読書面をチェックする。読みたくなった書籍の書評をコピーする。

わたしの場合、気になる書評があるのは、一紙につきせいぜい一冊。多くて二冊だ。したがって、縮刷を読んでチェックしたとしても、コピーは五、六枚。五十円から六十円。

じっさいにしたことがあるのだが、一年前の書評チェックは意外と使える。

第一に、時間が経っているぶん、評価がしやすい。一年前にはホットなトピックだったが、時をおいてみるとすぐに陳腐化した。そういう書籍も多い。

第二に、こちらの方が重要だが、図書館で借りやすいのだ。

書評でチェックした新刊本（ここでは一年前の本も新刊本として話を進める）は、**まずは図書館で借りて、速読する**。それが、この節で言いたいことのすべてである。

直近の書評に載った本は、図書館で予約待ちになる可能性が高い。まだ購入していない図書館も多い。図書館予算は年々厳しくなっている。潤沢に新刊本を買いそろえられない。

図書館を利用するとは、自分が通う最寄りの図書館を利用するのではない。最寄り図書館の蔵書など、大したことはない。そうではなく、**図書館機能を最大限利用する**。

わたしは長いこと東京に住み、東京のすぐれた図書館ネットワークを使い倒してきた。二〇一四年に思い立って東京を捨て、それからはずっと九州だ。長崎・諫早から大分・日田へ、さらに熊本・天草に移ってきた。小さな街である。図書館も貧弱だ。

そうした場合でも、あきらめない。たとえば天草の場合、天草市立中央図書館を中心に利用する。書評でアンテナにひっかかった書物は、ここで検索し、蔵書があれば借りる。なければリクエスト予約をする。すると、天草市内にあるほかの図書館に問い合わせ、蔵書があれば取り寄せてくれる。なければ、宇土市、宇城市、水俣市、熊本市立図書館など近隣の図書館、それに熊本市内にある熊本県立図書館に問い合わせて、借り出してくれる。

ただし、地方自治体の文化予算の貧弱さで、県立図書館から借りてくる資料は無料なのだが、近隣市から借りてくる資料はそれぞれ送料がかかる。

東京の場合、自分の通う最寄り図書館になければ、区内あるいは市内の他の図書館に蔵書がないか調べてくれる。あれば取り寄せる。なければ、隣接する区や市の図書館に問い合わせてくれる。あれば取り寄せる。そこにもなければ……。

東京に住む最大の利点はここだ。東京には都立図書館が二館ある。そのひとつが港区・麻布の有栖川公園にある都立中央図書館だ。ここでは、日本語で刊行された新刊本の、ほとんどすべてが手に入る。貴重書や、資料・史料も豊富だ。ただ、館外貸し出しはしていない。麻布まで赴いて、コピーをとるなりし、即日返却しなければならない。それなりに手間はかかる。

ところが、自分の利用する地元図書館、及び隣接区・市の図書館にも蔵書がない場合、特別に、都立中央図書館から蔵書を取り寄せてくれる。本来なら館外貸し出し禁止の所蔵本を、自宅で好きなだけ精査することができるのである。

地方に住んでいる者にしてみれば夢のようなシステムで、大都市に住んでこれを利用しない手はない。

一年前の書評は意外な盲点

一年前の書評からリクエストするならば、さらに便利になる。直近の書評に出た本はやはり注目され、すぐに予約待ちの状態になる。人気作家の新刊など数十人待ち、ということが珍しくない。一人二週間借りているとすれば、半年から一年の待ち時間である。じっさい借りるころには、なぜ読もうとしたのか、忘れてしまっている。

ところが、一年前の書評なら、そんなことはない。人間は忘れやすい薄情な生き物だ。一年前の話題本は、もはやだれも見向きもしない。

一年前の書評本が古くなっているかというと、そんなことはない。志のある本は、何十年、何百年と読み継がれることを願って作られる。作り手の熱を帯びた書物。それが、発売から一年経ったからといって色あせるようなことはない。「熱を冷ます」という意味でも、一年前の書評でチェックするのは意外にすぐれた方法だった。

そうして六紙の書評をチェックしていれば、毎週、読みたくなる本の五、六冊は出てくる。それを、片端から予約する。あれば借りるし、なければ、前述したように近隣自治体から取り寄せる。次の週も五、六冊予約する。その次の週も……。こうしていれば、ひと月からふた月後には、毎週十冊程度、図書館の貸し出し限度数の新刊本が、わたしの借り受けを待っているという、幸福にも忙しい事態となる。

これを家に持ち帰って、速読する（第1章）のである。

自分に必要かどうか、判断する。カバー・トゥ・カバーで、最初から最後まで読み通したい本は、やはり買ったほうがいい。買ってほしい。作家はそれで生きている。ご縁のある本と、出会ってしまったのだ。ゼロ金利時代に大事にしなければならないのは、カネではない。縁だ。つながり、きっかけ、契機。

わたしにも、その日の食いものに困っていた貧乏な時代はあった。そんなときも食事を抜いて、本やレコードを買っていた。その記憶は、鮮明にありありとして、ある。

返却する本も宝になり得る

ところで、買わないで返却する本だとしても、少なくともふたつのことはしている。

ひとつは、**借り出した記録**だ。書名、著者名、借りた日付、この三つだけ。「◎〇△×」など、評価を添えるのもいい。いわば自分だけの貸出カード。

とっくりさんは私の貸出カードに視線を落とした。一行めの『眠れる美女』からたどってゆけば、カウンター越しに交わしたやり取りをよみがえらせることができる。

ほめてくれる時の微笑みや、横顔を照らすライトの色や、書棚を指差す手の形も全部思い出せる。（略）

「これは、返す必要なんかない」

とっくりさんはカードを私に差し出した。

「何の本を読んだかは、どう生きたかの証明でもあるんや。これは、君のもの」

小川洋子『ミーナの行進』

ふたつめ。書評を読んで本を借りているわけだから、書評には、気になる内容紹介があったはずである。引用部分があったはずである。その部分を、目次をよく見て、速読して、探し当てる。

見つけた該当部分を、慎重に読む。いまの自分の問題意識にかなっているはずだ。それが大当たりで、ぜひ最初から最後まで通読してみたい。そう思った本ならば、前述したとおり、買う。自分の百冊読書棚に、永遠に残る本になるかも知れない。

書評ではピンと来たが、実物を読むとそうでもない。当てがはずれた。そういうことも多々ある。そのときは、すぐに返却する。

問題なのはその中間ぐらいの本で、書評で読んだ部分にはやはり感銘を受けた。有用な知識が書いてある。しかし、その他の大部分は、とくに通読したいとは思わない。あるいは、自分の百冊読書棚に生き残るほどの本ではない。

そんなときは、**気になった部分だけ、数ページ分をコピー**させてもらう。コピーしたうえで、蛍光ペンを引く。メモも書き込む。そして、**二穴パンチで穴をあけ、事務用フラットファイルに保存**する。単にホチキスで留めて保存するのではだめだ。あとで見なくなってしまう。あくまで「本」の体裁にして、いつでもパラパラと気軽にめくれるようにしないと意味がない。

二穴パンチは百円ショップで売っている。フラットファイルは一冊七十円程度だ。リフィルのクリアポケットファイル（一枚数円）にその書評を入れ、フラットファイルの前の方にまとめて綴じておけば、冊子全体の目次代わりになる。

読書はやみくもにしていいものではない。気の向くまま、自分の好みにあった本ばかり読んでいたら、じつにつまらん人間になっていただろう（いまでもたいしておもしろい人間ではないが）。そもそも「自分の好み」が変わっていくのでなければ、読書なんてなんのためだ、と思う。自分の好みが増える、好みの層が厚くなる。

自分が変えられる。わたしにとっては、それが読書の最大の目的だ。

自由に読むのは、自由のようでいてそうではない。ちっぽけな〝自分〟に隷属している。

だからネット書店のリコメンド機能は見ない。選んでいるようでいて、選んでいない。大資本に選ばされているに過ぎないから。

本を読むのは、ひとつには、自由になるためだ。しかし自由を求めて自分の虜囚《りょしゅう》になっては意味がない。

自分の〝自由〟のその外に、深くて広い宇宙《そら》がある。

第3章

理想の積ん読／狂気の積ん読

A面

理想の積ん読

――かっこつけると見える景色がある

積ん読は読書ではない。とくに、本を横にして、床に積み上げていく文字通りの「積んでおく」は、場所ふさぎの害悪でしかない。

プロのライターであるならばいますぐやめるべき悪癖で、本は本棚に立てて、背表紙が見えるかたちで置かなければならない。タイトルを眺めているのが大切なのだ。ジャンルの違う本が、自分の頭の中で結びつく。電気が通る。そういうときに、企画は芽生える。いわば、脳の中で本という血液が循環する。だから、本棚の本はいつでも並びかえができるように、立てていなければならない。

そういう趣旨のことを前著『三行で撃つ』に書いた。このことを訂正する必要を認めていない。プロのライターに、積ん読は厳禁だ。

しかしこの本は、想定読者をもう少し広げていて、ライターばかりではなく、読書によって人生をカラフルにしようという人たちに向けて書いている。そういう人たちには、**広義の積ん読はあってもいい**。いや、したほうがいいのではないか。

広義の積ん読とはなにかというと、将来読むつもりで、本棚に入れておくこと。お飾り。いわば、ファッションとしての積ん読。そしてファッションは、読書にとってとても大切な要素だ。着飾り、背伸びを、楽しむ。

背伸びして本を買ってみた結果

あの山田珠樹氏は言っている。「ドイツ語を習ひ初めた時にファウストを買つて来て置くのは笑ふべきことではない。その心は褒めてよい。」

清水幾太郎『本はどう読むか』

大学二年のころ、英語の授業でサマセット・モームの戯曲“The Bread-Winner”を読んだ。とてもおもしろく、わたしにしては珍しく、授業の進度より早く読み終えた。輪読で、登場人物のせりふに「Life is so complicated.」とあるのを、「人生なんてそんなものよ」と訳したら、教授に「うまい！」といわれてうれしかったのを、よく覚えている。

この戯曲はモーム晩期四部作の一作で、富も名声も得た作家が、もはや観客へ媚びず、ほんとうに書きたいことを好きなように書いたものだという解説も知った。

四部作のほかの三作も読みたくなり、東京・神田の古書店街へ行き、英文学専門古書店で、分厚い三巻本のモーム戯曲全集を買った。わたしが初めて買った英語の本だった。書店員から「英文学系統の入荷本について、定期的にお知らせを出しましょう」と言われて、大いに困ったことを思い出す。

わたしのことを英文学専攻の大学院生かなにかと勘違いしたのかもしれない。ところがわたしは、英語が得意でもなんでもない。一冊を読み切った英語の本など、なかった。辞書を引き引きなんとか読み切った最初の英語本が、モームの“The Bread-Winner”だった。

見えで買ってはみたものの、英語は苦手なのだから、とてもじゃないが読み進む実力などない。当然のように、その戯曲集は、長いこと本棚の肥やしになった。

しかし、そこがよかった。

貧しかったので、わたしの書棚はほとんどすべてが、岩波文庫や新潮文庫の古本で占められていた。カバーがとれ、背表紙も黒ずんでタイトルが読めない本も多い。そのなかで、二色グリーンのハードカバー、透明シールで包まれたモーム戯曲集全三巻は、輝いて見えた。そびえ立っていた。

それは、「いつか自分もこのような本を読む人間になりたい」という、**自分に向けたマニフェスト**なのだ。自分にはっぱをかけているのだ。未来の自分への約束なのだ。

射抜くべき的《まと》があまりにも遠くに見え、自分たちの弓の力がどこまで届くかを知っている者たちが、目指す場所よりもはるかな高みへ向って的を定めるときのように、振舞うべきである。それは自分たちの矢をさほどの高みへ当てようとするのではなく、そのような高みへ狙いをつけることによって、何とかして彼らの標的へ到達したいと願うためである。

マキャベリ『君主論』

目標は、いまの自分より高いところにある。そっちのほうが、生きてて退屈しない。見え、飾り、ファッション。でも、そこが尊い。

ことファッションにおいて、がまんしてはいけない。自分を縛ってはならない。好きな服を着る。たとえ似合っていなくてもあきらめない。服が変わるのではない。自分が変わる。服の似合う人間に、なってくる。ファッションが、人間を変える。

三十年、本を積んでいた結果

同じ意味で、先に理想の本棚を作ってしまう。百冊なら百冊。総数制限を自分で決める。そこに、読みたいと思っている本を並べていく。リスト（第6章に詳述）に沿った本を、先に買いそろえてしまうのだって、ありだろう。十年、二十年後の、未来の自分への投資。積ん読、ここにきわまれり。

本棚が、あまりに立派な積ん読本ばかりになる。すると、こんどは自分がその本棚に引っ張られる。

先に書いたモームの戯曲集だが、いつしか読めるようになっていた。最初の目的だった、晩期四部作については、すべて読み終えた。

べつにたいしたことはしていない。したことといえば、本棚を眺めていただけだ。いつか読みたい、そう思い続けた。英単語を、こつこつ覚えた。あきらめなかったというだけの話だ。

積ん読は、人を変える。

自分は、なぜ世界に生まれたのか。そもそも、世界とはなにか。世界はなぜ存在するのか。世界は、いつ生まれて、いつ死ぬのか。

そんな疑問にとりつかれるのは、若いうちにはよくあることだ。

わたしもそうだった。中学生のころ、移転する前の、大店舗だった渋谷の大盛堂で、岩波文庫版ハイデガー『存在と時間』全三冊を買ったのも、書名だけで判断し、この本に答えがあると勘違いしたからだろう。

最初の十ページほど、読んだのだろうか。分かるわけがない。哲学の訓練をある程度積まなければ、大学生だってとても読めた代物ではない。

あきらめて本棚に放っておいた。しかし、捨てはしなかった。

積ん読したままで三十年。『存在と時間』は、十冊以上の参考書を脇に置きつつ、いちおう読み通されることになる。ドイツ語の原書とも対照し、読了するのに三年かかった。未来の自分への約束は、果たしたかたちだ。

いまだって、「とても読めた代物ではない」ことには変わりない。一生を賭けてハイデガーを研究する学者もいるなかで、自分の、いちおうの読みが正しいものだなどと、言えたものではない。しかし、読み通したことだけは事実だ。目は動かした。その一部には、深く共感できた。一部には反発した。特別好きないくつかの章句は、ドイツ語で暗唱できる。

これで、一般人の読みとしては十分ではないか。

かっこつけとは「理想」を持つ者

積ん読は、ファッションである。かっこつけである。そして、**かっこつけこそ、読書の本懐**である。

いま電車に乗ると、座席にいるほぼすべての人が、スマホをのぞき込んでいる。SNSなのかニュースなのかゲームなのか。全員が同じ姿勢、同じ動作をしている。とくに文句はないが、少なくともわたしは、その輪に加わりたくはない。電車に乗ると、意地でもスマホはいじらない。

スマホが、いいとか悪いとか言っていない。人生つらいことばかり。電車の中でくらい、好きなことをすればいい。ただ、わたしには、「みなと同じ」ということが、かえってつらい。居心地悪い。かっこ悪い。そういう感性が、昔からある。みなと同じ学生服、みなと同じ体操着が、いやでいやで仕方なかった。ほんの少し、差をつける。違うことをする。とっぽい野郎。

そもそも本を読むとは、「みんなと同じ」が居心地悪い人、いわば不良の行為なのではないかと思うときがある。みなと同じになるな。少し地面から浮いている。世間から遊離する。俗情と結託しない。つまりダンディ。

ダンディとはしゃれ者のことではない。一人でいられること、孤独を楽しめることの、謂いだ。気炎ですがね。

積ん読は、ダンディズムに接近する、ひとつのテクニックということにもなる。

一人で酒を飲んでもつまらないというひとがよくいるけれど、ぼくはそんなことはなくて、一人で、周囲を気にせず、黙って飲むのも好きだ。そして飲みながら、ぼんやりと、なにかを読むのが好きだ。ほんとに周囲を気にしないのだったら、ぼくは詩集を読むかもしれないけれど、酒場と詩集というのはどうもそぐわないような気がする。まわりでオダをあげているひとたちの雰囲気を、詩集を読むという姿勢は、すこしこわしてしまうような気がするのである。それで酒場でぼくが愛読するのは東京スポーツで、悲惨胃袋ガエシとはいかなる技かというようなことも、ぼくは日暮れの酒場で学んでいる。

辻征夫「引退した怪人二十面相は招き猫に似てる」

辻とおなじく日本の現代詩人・清水哲男のエッセイに、往年の名レスラー、アブドーラ・ザ・ブッチャー讃歌がある。

私はいま、アブドラ・ザ・ブッチャーという反則屋にたいへん興味を持っている。

（略）彼は相手をまともに見ることをしない。その目は常に宙空をさまよっていて、放心状態のようでもあり、何かを考えているようでもある。攻撃を受けても、ほとんどコタエタ様子が無い。
（略）ブッチャーのファイトを見ているうちに、人はみなこいつは狂人だと思ってしまう。なぜそう見えるのかをいろいろと考えてみたのだが、結局は、どうやらそのうつろな目に主因があるようである。

清水哲男「不思議な国のブッチャー」

辻の先の文章は、おそらく清水のこのエッセイが頭の片隅にあったのではないだろうかと、わたしは妄想している。辻が読んでいる東スポの記事「ブッチャー流血！」は、だから、ほんとうはスポーツ紙でさえなかった。
酒場で詩集を読んでいる。サカバのダンディズム。カサブランカ・ダンディ。ピカピカの気障《きざ》でいられた。

B面
狂気の積ん読

——愛しすぎると見失う本質がある

読書はファッションである。かっこつけである。本棚は、なりたい自分の姿、未来の自分への約束だ。読める読めないは別として、難しい本を買ってしまう。百冊本棚が、少しずつ充実したものに変わっていく。本棚の「つらがまえ」が変わる。それは、自分が変わることを、直接的に意味する。

わたしは、書物をたいへん大事にしたので、ついには彼らのほうもお返しにわたしを愛するようになった。

書物は熟しきった果実のようにわたしの手のなかではじけ、あるいは、魔法の花のように花びらをひろげて行く。そして、創造力をあたえる思想をもたらし、言葉をあたえ、引用を供給し、物事を実証してくれる。

『エイゼンシュテイン全集1』

「本を大事にする」とはどういうことか

書物は大事にするべきだ。大事にし過ぎということはない。必ず書物は、お返しをしてくれる。わたしを愛してくれる。

ただ、大事にするという意味あいは、わたしの場合、本をきれいに保存するということではない。むしろその逆。本をよごす。使いまくる。

谷崎潤一郎の本はたいてい文庫本になっていて、廉価で手に入る。しかし、わざわざ巻末に著者検印がついているものだけを買いそろえる、というような趣味がある。谷崎の検印は、作風にふさわしい見事な〝美術品〟だ。

羊皮紙でできた洋書を集める愛書家も会ったことがある。本を傷めないよう、空調の整った立派な書庫に、貴重書が陳列してある。

そうした愛書家に、なれるものなら、なってみたい。しかし、わたしたちのほとんどは、そんな趣味を許すほどのカネをもっていないのではないか。

オーストリアの作家ムージルの大長編『特性のない男』に、「すべての本を知っている男」が出てくる。万巻の書物に通じ、巨大な図書室の、どこになにが置いてあるかを知悉《ちしつ》している。読書人にとってあこがれのような人物だが、なぜそういうことが可能だったか。

将軍、どうしてわたしがすべての本を知っているのか、お知りになりたいんですね。そのことなら、申しあげられます――つまり一冊も読んでないからなのです！

ムージル『特性のない男』

本のタイトル、著者名、装丁、判型は熟知しているのだろう。しかし、一冊も読んではいない。いちいち中身を読んでいては、書棚に精通することはできない。

こういう存在も魅力的ではあるが、百冊読書家には、こうしたぜいたくは許されない。**手元に残す、最後まで積んでおく百冊は、隅々まで読んだ、また、これからも繰り返し読むだろう、自分にとっての「百冊のカノン（正典）」**になっている。

わたしのようにライターを職業としていると、仕事の資料のためだけに買い求める本もたくさんある。その場合は、図書館から借り出した本と同じように、丁寧に扱い、必要箇所には付箋を貼る。帯もカバーも捨てない。新品同様にして読み、仕事が終われば処分する。売却する。別の本を買う資金に回す。

資料としてではなく、楽しみに買った本でも、しばらく積ん読しておく場合はある。寝かせている。読む時期を待っている。しかし、ずっとそのままではいけない。場所をふさぐし、本との付き合いにも、「長すぎた春」というのはある。第6章で詳述するが、「必読リスト」に載っている大古典でもない限り、そうした順番待ちの本は定期的に精査して、処分するか、読み始めるかを決める。

それ以外の本は、小説でも詩集でも、自然科学でも社会科学でも、遠慮会釈なく線を引いていく。傍線ばかりになっても構わない。それは、次に読み返すときの補助線、ここだけ読んでいけば大筋をとらえられるという、自分だけの特殊な要約になっている。

わたしが中学、高校のころに買って読んだ文庫本（それも古本がほとんど）には、線も引いていなければページもあまり折っていない。感動していないのではなく、もったいなかったから。きわめて貧乏だったこともあり、せっかく買った本は大切にしなければならないと思い込んでいた。

これは人生で最大級の痛恨事で、中学、高校のころ、自分がどんな文章に心動いていたのか、いま知ることができたらなんて楽しいだろう。どんなにか懐かしいだろう。おかしく、かわいらしく、そして励まされることだろう。

「そんなに思い込まないで大丈夫だよ。これからも、生きていけるよ」

前節で書いたように、**読書はファッションである。しかし、たんすの肥やしにする服ではない**。ファッションショーのランウェイで着る服でもない。実用性のある、その場ですぐストリートに飛び出していけるようなファッション。機能性にすぐれた、かっこいい、そして実益のあるファッション。それが百冊読書。

〈沈着〉〈油断〉〈自発〉——読書の三大実益

実益のあるファッションと、つい、書いてしまった。

読書の実益とはなんだろう。

ものしりになる？　ぜんぜんだめだ。ものしり人は、読書人からいちばん遠い。だいたい、ものを知っているとは、問いに答えられるということだ。答えのある問い。だれが考えても同じになる問い。それはクイズである。

読書の実益とはなにか。読書で得すること。

その第一は〈**沈着**〉。

本を読む人は、落ち着いている。本を読むという行為は、原則、ひとりですることだ。孤独な作業だ。ひとり孤独に読み、ひとり孤独に心動かされる。感動を分かち合う人は、基本、いない。孤独に耐えられる人は、動じない人だ。

その第二は〈**油断**〉。

読書は、人を油断させる。「キモい、ヤバい、エモい」。言葉が少ない人は、世界を切り分ける能力が低い人だ。逆に言葉が豊かな人は、世界がカラフルに見えている。極地の狩猟民が雪を表現する単語は、われわれよりずっと多い。雪の状態を知ることが、命に直結するからだ。

言葉によって世界を切り分ける。語彙の豊富な人には、世界が色彩豊かに、美しく見えている。**言葉の豊かな者は、人を安心させる**。言葉は、命に直結するからだ。

また、**本を読むのは、分かりたいからだ**。世界を、人間を、分かりたい。他者の気持ち、感情に、接近したい。そういう意志を顕現させているのが、本のページを繰るという動作だ。そういう意志に対して、人は気をゆるめる。安心する。一緒に話したい、働きたい。あるいは一緒に暮らしたい。

読書の実益の第三にして、もっとも大事なこと。それは〈**自発**〉。

世界は奴隷で満ちている。労働し、食事をとり、寝る。息抜きに遊ぶ。子供を産み、育てる。難しいことは考えない。考えても仕方がない。考えるのは、上の人。

文明発生以来七千年、人類はいつも、広義の奴隷制を生きてきた。古代帝国の戦争奴隷。土地に縛り付けられた中世の農奴、小作人。歴史で習ったとおりである。

では現代のわたしたちは？

資本主義経済に生きるわたしたちも、広義の奴隷である。というより、資本主義とは、奴隷からより効率的に搾取しようとして発明された社会制度だ。「市場は自由だ」「自分は自由意志で働いている」と思い込んでいる人たちは、若干、おめでたいかもしれない。資本に洗脳されている可能性がある。

そのからくりをここでは詳述しない。拙著『アロハで田植え、はじめました』に、さわりの部分だけは書くことになるだろう。あるいはもっと正統的、学術的には、ウォーラーステイン『近代世界システム』に詳しい。

隠蔽された奴隷制を生きるわたしは、なぜ本を読むのか。

自由に、なるためである。

自由というのは、上から与えられるものではない。〈なる〉ものだ。自らつかみ取るものだ。契約も、意志も教育も恋愛も選挙も、そして仕事も。「**自分がつかみ取った**」とい

う実感のないものは、それは自由ではない。あらかじめ仕組まれた〝自由〟だ。

だが、本を読むということ。このささやかな目の運動だけは、小さな、かけがえのない自由になり得る。

本は、わたしが選ばなければわたしの手の中にやってこない。本は、わたしが目を動かさなければ、語り始めてくれない。本は、わたしの知らないことはもちろん、予期しない問い、嫌いな結末さえ運んでくる。テレビやネットといちばん違うところ。

つまり、本は〈自発〉だ。そして、権力者がもっとも恐れるのが、この自発である。

いかなる中立性も、いやそれどころか、自発的に表明された好意すらも、全体的支配の立場からすればはっきりとした敵対とまったく同様に危険なのだ。その理由はほかでもなく、自発性はまさに自発性であるが故に予測不可能なものであって、そのため人間に対する全体的支配の最大の障碍になるからである。

ハンナ・アーレント『全体主義の起原』

読書は、〈自発〉への導火線だ。自発的であるがゆえに、予測不可能に発火する。予想していなかった知恵、感情、共感、思考に延焼する。保険はきかない。最大にして最後的な本の御利益。自発。

第4章

わたしは読めているのか

「分かる」読書／「分からない」読書

A面

「分かる」読書

――〈知る〉と〈分かる〉の違い

お笑い芸人の厚切りジェイソンに、こんなネタがある。
日本語初級者の外国人が、ホワイトボードに、習い覚えた漢字を書いていく。
いち。「一」　フムフム。
に。「二」　なるほど。オッケー、分かってきたよ。
さん。「三」　と油断させといて。
し。「四」　……。
ホワーイ？　ホワーイ・ジャパニーズ！

一、二、三ときて、なぜ三じゃないのか。他愛もないギャグなのだが、つい笑ってしまう。しかし、このネタは、たくまずも人間認識の限界を突く、深い考察になっている。なぜ四は、棒を四本並べた漢字にしなかったのか。五も、六も、そのスタイルで統一すれば分かりやすいではないか。

「分かる」という体験——鴨は「三羽」か「たくさん」か？

わたしは猟師でもあって、冬には鴨を追ってほとんど毎日、山奥の堤（ため池）を駆け回っている。草むらに身を隠し、息をひそめて獲物に近づく。鴨がこちらに気づく。わたしも立ち上がり、鉄砲を構える。

一瞬で勝負は決まる。

このとき、鴨が何羽いるかを見極めるのが重要だ。一羽、二羽なら問題はない。幸運にも五羽、六羽、十羽以上もいると、大チャンスではあるが、あせって弾をはずすことが多くなる。経験から言うと、四羽以上いると、数を正確に把握できなくなる。その群れがじっさい、四羽なのか五羽なのか六羽なのか、瞬時に確定できなくなる。識別できない。

人間の視力で正確に個体数を見極められるのは、せいぜい三羽が限界なのだ。

だから、四は三、五は亖ではない。棒を並べられても、一瞬で見極められないから。認識能力に限界があるから。ローマ数字でもⅠ、Ⅱ、Ⅲであってⅲではない。四はⅣだ。マヤ文明でも古代インド文明でも、四あるいは五を境に明らかに異なる記号を作り出すことになる。

これはつまり、数字の誕生、代数学の成立の話だ。

人類の歴史は六百万年も前に始まるとされるが、狩猟採集生活をしていた時間が圧倒的に長い。

人類がいつ文字の発明に至ったのか、正確には分からないのだが、旧石器時代、紀元前二万年には、狼やヒヒの骨に線が刻まれていた。日数を表したのか、獲物の数を記録したのか。いずれにせよ、それぞれに内実の異なる一日を、また、それぞれに大きさや性別の異なる個々別々の獲物を、おなじく「1」と表現し、加算していった。〈数字〉として、実在の事物を離れ、抽象化していった。数字の発見は、人類最大の発明である文字の誕生につながる。

言語や文字の発明に比べれば、核兵器もスペースシャトルも、インターネットもAＩも大した発明ではない。その、人類最大の事件である文字誕生のなぞを、厚切りジェイソンはお笑いネタにしているわけだ。

これは、代数学の本を読んでいるときに、ふと気づいた。考古学や狩猟の本を読んで得た知識と、つながった。電流が走った。

つまり、〈分かった〉。

個々の読書体験が、ふとしたことでつながる。〈分かる〉とは、そういうことだ。

数学の本を読んでいて、足し算引き算から代数系の話を知る。考古学の本を読んでいて、文字発生の仮説を知る。狩猟の本を読んで、人類史を知る。言語学の本を読み、言葉の抽象機能を知る。

そうした〈知る＝follow〉行為が堆積していって、〈分かる＝understand〉が発火する。ある日、ある瞬間、「ユーレカ！（分かった！）」と叫ぶ。

読書の楽しみといって、これ以上のものはない。

〈知る〉だけでは物足りない、その先に

人間はどうも、**事実を〈知る〉だけでは満足できない**生き物のようなのだ。**〈分かる〉がどうしても必要**だ。

真実をつかむ。本質を理解する。

個々の現象の背後に潜むシステム、構造を、明らかにしたい。**因果律**と言い換えてもいい。手放したから、リンゴが落ちた。「手を放す」という事実と、リンゴが「落ちる」という事実に、つながりがある。因果関係がある。そういうふうに、世界を見る。重力を、発見してしまう。世界の成り立ちには、真実・本質・イデアというものがある。そう信じていないと居心地が悪い。そんな脳の癖が、どうやら人間にはあるようなのだ。

わたしは子供のころから、簡単なことにつまずく。考え込んでその先に進めない困った性質があった。算数で、分数の3分の1が〈分から〉なかった。分数の計算方法が分からないのではない。計算は、できた。そうではなく、「3分の1」という数が、見つけられなかったのだ。

定規で、1センチは「在る」。ノートに、1センチの線を引ける。実在している。指でさわれる。

しかし、3分の1センチはどうか。それは、小数で表せば0・333333……ということになる。目の前の定規は、1ミリの単位しか目盛りを刻んでいない。その1ミリ幅のどこかに、0・3333333……が「在る」。実在する。

それが納得できない。分からない。

どんなに目盛りを細かくしても、顕微鏡でのぞいても、指を指した瞬間、その定規の目盛りは0・33333……2か、あるいは0・333333……4になっているはずだ。ナノメートル（nm）、あるいはピコメートル（pm）を計測できる電子顕微鏡であろうとも同じだ。

なぜなら、物質は原子でできているから。原子をさらに細かく分解すれば、陽子や、電子などの素粒子となる。どんなに小さくても、粒子は粒子である。したがって、分ければ、どちらかの長さが、どちらかの長さより、大きくなる。

だから、3分の1は定規で指させない。観測できない。もっというと、「在る」のではない。実在しない、幻の数ではないのか。

いまの自分の言葉でいえば、そういう疑問であった。そのころ、児童書で湯川秀樹の伝記を読んでいた。だから、中間子など素粒子の存在を知っていたのだろう。

だれも、教師でさえも自分に説明してくれる人はいなかった。まだ、**自分の疑問を明確に表現する言葉を持っていなかった**のだから、それが理由の一端ではある。

循環小数である3分の1が存在しないのであれば、当然、循環しない小数、たとえば$\sqrt{2}$のような無理数も存在しない。ましてや、2乗してマイナスになるiなど、実在するはずがない。人間の頭が考え出した虚ろな数、リアルには存在しない数だ。

そこで本題である。

自然数はどうか？　1や2や3は、たしかに「在る」のか？　実在する数なのか？　実在しないのである。分数も無理数も虚数も、そして自然数でさえ、世界に「在る」ものではない。バーチャルな、幻想なのだ。

ここはそのことを詳しく説明する場ではないので、この先が知りたい人は、たとえば武藤徹の高校数学読本・第一巻や、シング『百万人の科学概論』にあたってもらいたい。

わたしの問いがめぐるめぐく

こんなこともあった。小学校のとき、昼間、校庭から月が見えた。薄曇りで、太陽も見える。

あの、小さく白く空に浮かぶなにものかを、なぜ、ツキと呼ぶのか。それが分からなくなった。なぜあの〈なにものか〉は、ヒとか、タイヨウとか呼ばれないのか。

月の語源を知りたいのではない。太陽の次（つぎ）に光り輝くから「つき」であるという、そういうことを説明されても納得できない。

それでは問いが終わらないからだ。なぜ、二番目、あとに続くものを「つぎ」というのか。「続く」から「つぎ」である。そう説明されても、では、「続く」こと、次から次に継続してものが起きることを、なぜ「つづく」というのか？ 次の疑問が生まれる。

辞書のループ現象である。どこまでいっても、問いが終わらない。

はっきり覚えているが、これらの疑問に取り憑かれたのは小学校二、三年のころだった。ませていると言えば、ませている。

考えても分からない。大人も教えてくれない。インターネット（もちろんそのころはなかったが）を引いても、Ｙａｈｏｏ！知恵袋に投書しても、だれも答えられない。それは、「わたしの質問の意味」が分からないからだ。疑問は、じぶんにしか「分からない」。

であれば、その答えに達することができるのも、自分だけである。

いまの自分であれば、先の問い、「3分の1のなぞ」や「ツキ命名の疑問」について、小学校低学年だった自分に、説明することができる。説明する語彙をもっているだろう。しかしその答えとて暫定的。**いまの自分が〈分かる〉範囲内での答えにすぎない**のだが。

自分にしか〈分からない〉問いに答えられるのは、当然だが、自分だけだ。

他人には「私が本当に意味すること」がわかってはならぬことが肝心なのだ。

ウィトゲンシュタイン「青色本」

本の中に答えは「ない」？

わたしの場合、小学生であるわたしの先の問いに、まがりなりにも答えられるようになったのは、四十年以上もたってからだ。先にあげた武藤徹やシング、ほかにもポアンカレ、湯川秀樹、カント、ソシュール、ウィトゲンシュタインの著作を、自分なりに読み込み、これら一**見して関係のない書物が自分の長年の疑問と呼応する**ものだったことが〈分かった〉。

自分の問いの、ほんとうの意味が〈分かる〉。
自分なりの、現段階での答えが〈分かる〉。

読書だけが、〈分かる〉快楽を与えてくれる。テレビをつけても、SNSを回覧しても、ネットで検索しても、満足できない。そうしたメディアは、答えを用意して待っている。答えがなければ、「場が持たない」メディアだ。

そして答えは、見つけにくいもの。探しているうちは、見つからない。夢の中へ、踊ってみなければ見つからない。

本は、答えが入っている箱ではない。**読書とは、問いを、自分で言葉にできるようにする、遠回りの、しかし確実なトレーニング**だ。問う筋力をつけている。自分の問いのほんとうの意味が、分かる。本ににじりよっていくうち、自分の言葉で、問いを表現できるようになる。正しく問うことができて初めて、暫定的な答えが現れる。

〈分かる〉とはそういうことだ。〈知識〉が堆積していって、そのエネルギーで発火するのが、〈理解〉という現象の本質だ。

問いは、在るのではない。答えは、探すものではない。

問いも、答えも、自分が創るものだ。

それを可能にするのは、読書だけだ。

〈分かる〉ための個別テクニックについては、第8章で詳述する。

B面
「分からない」読書
――分からないとお嘆きのあなたへ

読書の快楽は、〈分かる〉快楽だ。前節にそう書いた。矛盾するようだが、ここでは次の命題を論じたい。

読書は〈分からない〉。いや、〈分からなく〉なるために、本は読む。

わたしは新聞社の若手記者やフリーライター、カメラマン相手の私塾をもっている。そこでは、文章だけではなく、ライターとしてなすべき勉強も教えている。ライターにとっての勉強とは、もちろん、書くことと、読むことだ。

書くことはともかくとして、読む勉強とはなにか。

本は、好きなものを、好きなときに読めばよい。おせっかいを焼くことはない。しかしライターは、つまり書くことのプロ、書くことでおカネを頂戴している者は、そういうわけにはいかない。プロにはプロの読み方がある。古い本、難しい本を読む。

私塾で教えている記者たちの読書歴を聞いたら、それは惨憺《さんたん》たるものだった。自分の好きなもの、現代の小説やベストセラー本、取材の資料となる書籍を、漫然と読んでいるだけ。これは、プロの読書ではない。

彼らの一人は、分からない本はつまらない、という。

では、**「分からない」とはなんなのか**。

前節で見たようにこれは難しい問題で、読書の根幹に関わる。ここでは「分からなさ」の正体を詳しく腑分けして考えてみる。分からなさの正体が明らかになれば、対処法だって、見えてくるはずだ。

正体1：あらすじ、登場人物が分からない

本書では、複数の本を同時に読み進めること、たとえば一日十五分ずつ、四冊以上の本を同時並行して読んでいくことを推奨するのだが（第1章）、そうした方法をすすめると、いちばん多く聞くのが、「あらすじや登場人物がごっちゃになってしまう」という声だ。

トルストイの『戦争と平和』はたいへん長い小説だ。登場人物が多いし、ロシア語の人名は日本人になじみがなく、また、同一人物を別の愛称で呼び表す場合も多々ある。同じ人物を別名で呼ぶのだから混乱してくる。

これは、昔からロシア文学好きも悩ませている問題だ。

逆に言うと、読書、とりわけ小説を読むということは、あらすじと登場人物を把握することだという謬見《びゅうけん》が、広く行き渡っているということも意味する。

わたしはこれにまったく同意しないのだ。**読書とは、あらすじではない**。登場人物は、忘れていい。本を読むとは、本のシノプシス（梗概《こうがい》）を言えることではない。だいたい小説のあらすじなんて、いまはウィキペディアに載っているではないか。そんなものはコンピューターに任せておけ。

あらすじを言えるのが、なにほどのことだろう。そんなこと、少しもだいじではない。むしろ、**作品の〈空気〉を感じること**が重要だ。本を読んでいたとき、どういう〈空気〉に包まれていたか。

自分は何歳で、どんな環境にあって、どういう不安や悩みを持っていて、本を読むことで少し変わったのか、変わらなかったのか。自分が浸っていた〈空気〉を感じること。はっきり言語化できること。それが、「たしかに本を読んだ」というあかしだ。実感として何年たっても残る、読書の本体部分だ。

空気で覚えている――読んだという実感

ドストエフスキー『罪と罰』を最初に読んだのは大学一年のときだった。中身はほとんど覚えていない。身勝手な理屈で貧乏な青年が守銭奴のばあさんを惨殺する。それぐらい。あまり感動もしなかった。ただ、ラストの場面、罪を認めて出頭し、シベリア流刑の罰を受ける主人公ラスコーリニコフを、娼婦のソーニャが追い、いつまでも待っている場面だけは覚えている。いや、そのとき自分のまとっていた〈空気〉だけをはっきり思い出せる。

大学に入っても自分の居場所はなく、バイトとバンドにあけくれ、友達も恋人もできなかった。暇さえあれば本を読んでいたが、それも惰性で読んでいただけ。冬の夜。こたつで横になりながらだった。うつらうつら。ソーニャの場面で、しかし、打たれた。起き上がった。感動したというより、驚いた。この醜い、底意地の悪い、お互いを憎み合い、足を引っ張り合ってばかりいるくだらない世界に、完全な善意が、すきだらけのお人好しが、人を信じ切る、ほとんどまぬけめいた無邪気がありうる。少なくとも、文章で表現できる。

いまのわたしの言葉では、そうした感情だろう。当時は、語彙を持たなかった。しかし、そのときの〈空気〉だけは覚えている。

『武器よさらば』のクライマックス、主人公とその恋人の脱出行を読んでいたのも、大学一年のとき。ビル掃除のバイトへ向かう電車の中だった。降りる駅を乗り過ごし、あわてた〈空気〉を覚えている。

戦争で地獄絵図のイタリアから中立国のスイスへ逃れるため、二人は深夜のマッジョーレ湖にボートでこぎ出す。脱走兵は、捕まれば処刑される。嵐の湖でオールを持つ主人公の手は破れ、力尽く。一縷の望みと持っていたこうもり傘を広げる。風を受け、ヨットのように走り出そうというわけだ。しかし嵐に役立つはずもなく、傘はすっかり裏返って壊れる。絶体絶命。

そのときである。恋人のキャサリンが声を上げて笑い出す。

「だって、あなたが傘にしがみついているかっこうったら。おかしかったわ」

主人公は、怒らない。ふと、冷静になった。われに返った。絶望から気を取り直し、再びオールを握ってこぎ始める。

キャサリンの、この笑い。絶望の淵にいることを痛いほど知っていながら、それを笑いで打ち負かす暢気さを失わない。勇気ある楽観。スマイル&フリー。あらすじはほとんど忘れてしまったが、キャサリンの笑いだけは耳を離れない。

矛盾なく同居する、無垢と勇気。

ソーニャとキャサリンが、彼女ができたこともないくせに大学生わたしの理想の女性になってしまい、そのためか、後々、まあ、苦労もしました。


「あらすじが分からない」ときの具体的対策――メモを取る

それはともかく、具体的な対策としては、たとえば『戦争と平和』やトマス・ピンチョン『ヴァインランド』など登場人物の多い小説については、**主要人物の名前と、その人物の特徴とを、短くメモし、紙片を本に挟んでおく。**「女スパイ」「検察官」「将軍」「〇〇の弟、若く魅力的」など、最低限の人物アウトラインをメモしておけば、思い出す。しかし、それさえも、読み終わるころにはどうでもよくなっている。

あらすじも、登場人物も、忘れて構わない。そのかわり、大作を読んでいたときの〈空気〉が、自分のなかに沈殿していく。それが意識できれば、読書は実り豊かなものになる。空気に記憶が刻まれる。

正体2：よさが分からない

あらすじや登場人物ではなく、その作品の「よさ」がさっぱり分からない。端的におしろくない。だから続かない。そういうことはたしかにある。

自分は、漱石の小説作品はすべて読み、いくつかは繰り返し読んでいる。いまでは英訳でも読むほどに好きなのであるが、正直なことを言えば、前期三部作の最終作『門』のよさが、少しも分からなかった経験はある。

新潮社版の、えび茶色の文庫を初めて手にしたのは、中学生のときだった。あらすじは、たしかに分かったと思う。三角関係にあった男女が、時を経て、あやうく再会しそうになる。親友の妻を奪った主人公は、深く悩み、かつての友との対面を怖れ、神経を病んで禅寺に逃げ込む。結局、再会はせずにすみ、劇的な事件の起こることもなく、夫婦の暮らしは小康を取り戻す……。

この話のなにがおもしろいのか。さっぱり分からなかった。

時は流れて四十歳を過ぎたころ。新聞社のアルバイトに来ていた大学生が読んでいた同じ文庫本を「ちょっと貸して」と読み始めたら、もう止まらなくなった。乾いた砂地に水が染みこむように、文章が、頭と胸に染みいってくる。その後、英語訳でも読んだ。スペイン語訳でも読んでいる。それぐらい、おもしろい。「よい」のだ。漱石の小説のなかで、自分はもっとも好きだ。

「よさが分からない」読書は時間の無駄か

読むタイミングという問題はある。

最初に読んだ時期は中学三年で、ずいぶん背伸びをしたものだ。『坊っちゃん』『三四郎』を読んでそこそこ楽しめたので、『門』にも手を伸ばしたのだろう。

中学生によさが分かる小説とは、わたしも思えない。

では、中三の『門』体験はまったくの無駄だったかというと、そうも思わない。逆だ。むしろ必須だった。**挑んで、はね返される。その体験じたいが必要**だった。

なぜか。

豪速球にバットを当て、ヒットにするためには、まずは空振りすること、あるいはファウルチップ（バットにかすらせる）を重ねることが、どうしても必要だ。

中三のわたしは、『門』を読んで、よさがさっぱり分からなかった。しかし、漱石の日本語が格調高いということだけは、分かる。納得する。複雑な構文と、そのうねりには、圧倒された。魅力を感じた。

だから、「分からない」まま読み終えても、本はつまらないからテレビを見よう、ゲームセンターに行こう、とはならなかった。別の本、鷗外や賢治を読んだように記憶する。

「国語」から漱石や鷗外が消されつつあるわけ

話は少し変わるが、いまの日本の学校教育では、漱石、鷗外を読める人間を撲滅しようという計画が進行中である。

スピーチや面接でのやり取り、企画書や報告書、広報資料、実務的な手紙や電子メールなどを読み書きする科目を新設し、大学入学共通テストでの重要科目となるよう、巧妙に誘導されている。

教育政策を仕切る人々、それはつまり国家であり、国家のスポンサーである大資本だが、彼らにとって望ましい人間像というのが、すけて見える。実務的なメールが書けて、上司に報告できて、疑問をもたずに働く労働者を、大量に製造したい。古典文学や漱石、鷗外ら近代文学の大家を読む必要はない。

では、実社会に必要ないと考えられているそうした文学作品の〝効用〟とは、なんだろう。


考えること。

疑問をもつこと。

異議を申し立てること。

世の中の常識とされていること、あたりまえと受け入れられている前提を、疑ってかかる。文学の役割とは、極言すれば、そこだ。

つまり、考える人間は学校教育にとって邪魔なのだ。**国家や資本が必要としているのは考えない労働者、考えない消費者**である。

「よさが分からない」という体験から得るものがある

話がそれた。

中学三年が読む『門』は無駄だったのか。そんなことはない。中学三年で読まなかったら、四十歳を過ぎても、わたしは『門』を読まなかっただろう。

読んで、よさがさっぱり分からない。はね返される。その、はね返されるという体験じたいが、絶壁に打ち込むハーケンになる。

名文かもしれないが、歯ごたえがありすぎる文章。男女の三角関係があっても、エンターテインメント小説ではありえないような消化不良感。そういう「分かりにくさの壁」にぶち当たり、はね返される。

文豪の文章、豪速球にバットを振って、当たらない。しかし、バットを振ること＝物理的に読むこと、それだけはできた。球を打ち返せなかったが、ファウルチップする音は聞こえた。だいじなのはそこだ。

言葉を変えれば、**「我慢することを覚える」**ということだ。我慢してでも読む。「よさ」が分からないのは、著者のせいではない、自分のせいだ。そう、観念してしまう。あきらめる。観念する。そういう感性は、読書にとって死活的に重要だ。がむしゃらに、分かっても分からなくても、読む。むちゃな修業じみた読書を、早めに体験する。いずれ分かる。分かるに決まっている。そう信じ込む。

「よさが分からない」ときの具体的対策——おもしろがっている人

さて、「よさが分からない」ことを我慢できたとしても、しかし、その状態はたしかに愉快ではない。落ち着かない。なにか、だまされたようだ。

ひとつ、ヒントがある。

すでに「分かっている人」に聞くことだ。

わたしの場合、たとえばプルースト『失われた時を求めて』は難物だった。二十世紀を代表する小説で、小説の概念を変えたといわれる大作。しかしこれが難しい。長いだけではなく、なにがおもしろいのか、なぜ重要なのか、さっぱり分からない。よさが、分からない。

こうした場合、この作品を分かっている人、おもしろがっている人を探すのがいい。

たとえば集英社ヘリテージ版では、十三巻あるそれぞれの巻末に、いろいろな人が解説を寄せている。これを、最初に全部読んでしまう。それぞれの評者がこの大作をどう楽しんだのか、おもしろがったのかが書かれている。いわば推薦文だ。

中で、医師で作家の加賀乙彦のものが、抜群におもしろかった。

加賀はプルーストのこの作品にたいへん感動し、舞台のひとつとなったフランスの田舎町を、ローカル線に乗ってわざわざ訪ねた。小説のモデルとなった教会に行ってみたかった。じっさいに足を踏み入れたその教会は、小説の描写とは大違いだった。「稚拙な、もっと言うと、俗悪」な造りで、わざわざ訪ねてきたのにたいへんがっかりした。そういう内容だった。

なんということはないこのエッセイに、プルーストの長大な作品を楽しむヒントがあると、わたしには思えた。

他人の恋愛や自分の失恋、作家としてなかなか出発できない苦しみ。秘められた同性愛。プルーストは作品でそうした内面的苦悩を、執拗に、微細に、顕微鏡的な観察力で書き続ける。そのしつこさについていくのは、忍耐を要する。

悲劇もあまりに微細に書くと、喜劇になる。悲しみが、笑いに転化する。救いになる。作者の記憶による増幅と誇張が、事実と異なりさえする華麗な文章を生む。

文章が、現実を超える。文章で、現実を飛び越す。

プルーストのしていることは、それではないか。気づいて読み始めると、長々と、ときにだらけた文章が、がぜん様相を変えてきた。

わたしたちが生きている、くだらない人生、愚劣な社会、しかしここ以外には行き場所のない唯一の世界。それをなんとかやりすごす、長い長い祈禱のように思えてきた。

その作品が**なぜ重要か、ではない**。その作品を、**どう楽しんだのか**。他人の楽しみ方を聞く。

難解な作品にも、多くの感想エッセイが書かれている。都立中央図書館のネット検索で作品名を引けば、いくつも参考資料や論文が出てくる。有料だが、新聞記事を引くのもいい。ネットの読書ブログ、読書コミュニティサイトを利用するのでも、まあ、いいだろう。

正体3：「ちゃんと」分からない

読めない、読みにくい理由が、「ちゃんと読みたいから」だと言う人もいる。「ちゃんと」分からないと、もう先へ進めないというのだ。

学校の成績がよい、まじめな優等生にこそ、こういう人は多いのかも知れない。

謹直な性格は素晴らしいが、あまりに**読書を尊びすぎるのも、かえってよくない**。敬して遠ざけることになる。もう少し、いい加減になる。ふまじめに読む。

「ちゃんと」分かるとは何か？

そもそも、どこまで分かれば、「ちゃんと」分かったことになるのか。

アインシュタインの相対性理論について、一般向けの解説書は山ほど出ている。数式がいっさい出てこないことを売りにしている本も多数ある。しかし、相対性理論を「ちゃんと」理解するには、高度な数学が必要だ。微積分の数式を読めないで、相対性理論が「ちゃんと」分かることはない。

しかし、相対論、なかでも特殊相対性理論であるならば、非常な高速で走るロケットに乗ると時間の進みが遅くなる、あるいは距離が長くなる、そういう現象が起きるということは、いろんな比喩を使って説明できるし、中学数学程度で正確に「分かる」こともできる。

科学者になるのではないわたしたちは、まずそれで十分ではないか。高度な数学が分からないから、相対性理論の魅力にも触れないというのは、あまりにもったいない。

本を「ちゃんと」分かろうとすると、かえって本の魅力に届かない。世界をちゃんと分かろうと目をこらし過ぎると、背後の世界の美しさに気がつけない。

「ちゃんと」分かることより大切なこと

難しい本の読み方については、第8章に詳述する。ここでは、そこに書かなかったことに少し触れる。

世の中には、さっぱり分からない本というのも、たしかにある。いまのわたしで言うと、宇野弘蔵『経済学方法論』は、読んでいてさっぱり分からない。なにを言おうとしているのか、方向性すら見えない。これがたとえばマルクスの『資本論』であれば、解説書も数多く出ているので、第8章に書いたやり方で強引に読み進めることはできる。しかし、宇野経済学の、この本だけを特別選んで解説した本というのは、残念ながら、ない。ネットにも載っていない。途方に暮れる。手も足も出ない。

ではあきらめるかというと、性格に意固地なところがあるので、そうもしない。あきらめて、我慢して読む。もはや、目を上下させる運動である。

そうすると、数ページに一ヵ所くらいは、「何について書いているのかだけは、いちおう分かる」というレベルだが、そういう文章に出会う。うれしいから傍線を引く。

それでいい。「ちゃんと」分からないでいい。**本のなかで、ひとつかふたつ、分かる箇所があった。それで十分**だ。

相手が、そうまでして付き合ってもいい、「ちゃんと」した本であるならば。

してみると、お付き合いする「ちゃんと」した相手を選ぶことのほうが、相手を「ちゃんと」分かることよりよほどだいじだ。

「ちゃんと」した相手（＝本）の選び方については、第6章で詳述する。

正体4：結論・答えが分からない

アマゾンなどネットのレビューではよく、「結論が一目で分からない」といった評を見かける。逆に、「著者の結論は〇〇であり、それは間違っている」とか、あるいは「つまらない」と一刀両断にする。

こういう読み方を、少なくともわたしはしたくない。

本を読んだって、結論・答えには達しない。辛気くさくも、一枚一枚ページを繰り、なんの生産物も生み出さない、読書という、暢気で無駄な行為の、それが核心だと思うから。

ネガティブレビューに見える浅はかさ

わたしにとって、**読書は、著者と付き合う〈行為〉**のことだ。形態としては、生産より恋愛に近い。

恋に落ちるとき、相手の外見、話し方、趣味、ものの見方が、だんだんと分かってくる。

分かって、人を好きになる。しかし、少し付き合うと、とたんに分からないところも出てくる。なぞ。自分との違い。そこがまた、好きになる。あるいは、距離をとりたくなる。

人間とはそういうものではないか。であれば、人間が書いた本だって同様だ。

また、**「結論が一目で分からない」なんてあたりまえ**ではないか。だいたい、**結論は著者も分かっていない**。

ドストエフスキーの五大長編小説、『罪と罰』『白痴』『悪霊』『未成年』『カラマーゾフの兄弟』は、人類史に残る圧巻の傑作群だ。これらを注意深く読めば、よく分かる。どれも同じテーマを、繰り返し書いている。

一作を書き終える。著者はとりあえずの結論を得る。しかし、その結論ではすぐに満足できなくなる。書き終えるころには、問いの深さが増しているからだ。そして新しい作品に取りかかる。答えを得る。また満足できなくなる。

ドストエフスキーは『カラマーゾフの兄弟』を書き終えたあとも、その続編を構想していた。

ドストエフスキーに比べるわけではないが、わたしでさえもそこは同じだ。貧しい作物だが、本を書き始めて二十五年。わが身をもって実感している。著者でさえ、自分の言いたいことを、完全には分かっていない。だから、書き上げたらまた書く。

著者が分からないのであれば、読者が本の結論を分からないのは、当然だ。

「分からない」が世界を切り開く

言葉を変えよう。

そもそも、世の中に分かりやすい文章、やさしい文章など、ない。**分かりやすい文章とは、読者が分かる範囲で読んでいるだけ**だ。**やさしい文章とは、読者が自分のレベルに引き下げて、やさしく読んでいるだけ**なのだ。

文章を読むという行為には、読者の人格そのものが現れる。怠惰な人間は、文章を怠惰に読む。浅い人間は、浅く読む。

「結論が一目で分からない」「著者の言いたいことが分からない」

そうではなくて、わたしだったら、**なにが分からないかを、自分の頭で言葉にする**。疑問を言語化する。そのとき、読書はかなりの深度を得ているはずだ。

そもそも問う能力がないから、読書に「答え」を待つようになる。読書とは、答えや結論を得る方便ではない。読書とは、新しい問い、より深い問いを獲得するための冒険だ。「問い」が、そのまま「答え」になっている。終着駅ではない。始発駅に立つために、本は読む。

そして、問いを発見した人が、世界を変える。答えは、世界を動かさない。

なぜなら、世界にも、人生にも、そもそも「答え」はないから。

もしも人生に答えがあるなら、その人生は、〈迷路〉のようなものだ。迷路には、抜けられる道、正解が、必ずある。どんなに大きな迷路でも、結局、有限だ。箱庭の世界。

人生に答えなどないと覚悟を決めたなら、その人生は〈迷宮〉である。答え、正解がない。どんな答えも包含する。飲み込んで、新しい問いを生ぜしめる。無限の宇宙。

自分の人生は迷路か？　迷宮か？

どちらであってほしいのか。

第5章

「論破力」より、深く掘る

批判して読む／憑依されて読む

A面

批判して読む

――ほんとうの「論破力」とは

太宰治と三島由紀夫は、ほぼ同時代を生きた文学者で、どちらも流行作家であった。自らの醜さをさらけだすように書いた無頼派の太宰に、絢爛たる文体で耽美派の代表のような三島。作風は正反対だ。じっさい、三島は太宰をたいへん嫌ったようだった。エッセイで手厳しく太宰の作品を批判している。

それらの自己戯画化は、生来私のもっともきらいなものであったし、作品の裏にちらつく文壇意識や、笈《きゅう》を負って上京した少年の田舎くさい野心のごときものは、私にとって最もやりきれないものであった。

三島由紀夫『私の遍歴時代』

太宰の心中死にあたっても、三島は必要以上と思われる罵言を浴びせた。その文章は、峻厳というよりも、読むものを不快にさせる激しい憎悪があった。

では、三島は太宰を読まなかったのか。そんなことはない。かなり気にして読んでいたことがうかがえる。読んだうえで、「わたしはあのような文学を認めない」と言っている。三島にとって太宰は、**批判しつつ読み、乗り越えていかなければならない壁**だった。

そこには、近親憎悪的な感情もまじっていたはずだ。口をきわめて太宰を批判する三島の中にも、「笈を負って上京した少年」がいたのに違いない。

三島は文章の先達として森鷗外をたいへん尊敬していた。「もっともっと鷗外を読もう。鷗外のあの規矩《きく》正しい文体で、冷たい理智で、抑えて抑えて抑えぬいた情熱で、自分をきたえてみよう」と書いている。

一方の太宰も、鷗外をたいへん尊敬し、目標としていた。東京・三鷹にある太宰の墓は、鷗外の墓の向かいにある。

単に「嫌い」「肌が合わない」ですまない。激しく、憎む。呪わしい。そこまで感じられる文章、思想ならば、人生のどこかで、真剣に対峙しなければならない。越えていくべき壁だ。越えられなくても、すきまを見つけ、穴をあけ、向こうの世界をのぞき込む。自分が嫌っていた〈本質〉が分かる。〈本質〉が分かってみれば、それはなんと、自分の養分にさえなってしまった。

読書の醍醐味のひとつは、そこにある。

毛嫌いされる本とも向き合う――批判の眼を養う

この原稿を書いているのは、ロシアによるウクライナ侵攻が始まって二週間のころだ。ロシアやアメリカなど、大国による侵略戦争が始まると、ホッブズ『リヴァイアサン』を引き合いに出して論を張る人が決まって現れる。

二〇〇三年、アメリカによるイラク侵略戦争のときもそうだった。国際法を踏みにじり、大量破壊兵器というきわめて怪しい口実で独立国家イラクに侵攻したアメリカは、いまのロシアと変わらない。そのアメリカに対して、わたしたちはどう対峙するべきか。

「人間の自然状態は万人の万人に対する戦争状態」である。そうした世界には「理想や話しあいではなく、怪物的な権力による畏怖と暴力こそが平和をもたらす」。

ホッブズを引きつつそう書いて、アメリカを擁護もしくは傍観した保守派の論客がいた。

力こそすべて。ホッブズはそう主張した思想家だと考えている人は多い。しかし、じっさいにホッブズの主著『リヴァイアサン』を読んでみると、印象はかなり違ってくるだろう。

ホッブズが言ったのは、「世界は弱肉強食だ」ということではない。むしろ、人間の能力にほとんど変わりはなく平等だということを強調している。安直な実力主義、貧富の格差はあって当然とする、えせ新自由主義の現状肯定論とはほど遠い。

また、「人間の自然状態は万人の万人に対する戦争状態」だと断定しているのではない。おもにアメリカの〝野蛮人〟を観察したうえで「恐怖すべき共通の権力」、すなわち国家がないところでは、「残忍なやりかたで生活している」と措定し、〝文明国〟であるところのヨーロッパでも、内乱におちいるよりは、絶対王政を、いわば契約として採用したほうが、世界は住みよくなるに違いないという、問題提起をしている。

ホッブズと同じように、マキャベリ『君主論』をネタ元にする論客も多い。国際政治はだましあいであり、リベラルのきれいごとはお花畑だ云々。

もう少し高度になると、シュミット『政治神学』を取り上げる人もいるだろう。危機の時には、危機の政治が求められる。民主主義といったまどろっこしい手続きを踏む余裕などない……。

これらの本は読む前から嫌われることがある。国家主義的、全体主義的だと思われている節がある。しかし、ホッブズもマキャベリもシュミットも、じっさいに読んでみると、人間性を深く洞察した思想家だ。

国家主義的な側面がないではないにしろ、その論旨は単調ではない。社会を鋭く考察する古典中の古典だ。批判するにせよ、まずは実物を読まなければ話にならない。**批判的な目を持って、疑いながら読む**。

ニーチェは、その超人思想や大衆嫌悪から、「強者の思想」と思われている。ナチスドイツに利用されたし、イタリアの独裁者ムッソリーニもニーチェの言葉「危険に生きる」を都合よく解釈し、大衆を扇動した。

じっさいにニーチェの思想にはそうした〝危険な〟側面が多々ある。ナチズム、ファシズムと闘い続けたドイツの作家トーマス・マンは「ニイチェの中に私が見いだしたのは、何よりもまず自己克服者の姿であった。私は、ニイチェをその言葉どおりには決して受け取らなかったのであって、ほとんど信用しなかったのであった。それにもかかわらず、その信用し得ないというまさにその点が、ニイチェにたいする私の愛に二重の情熱を注がせた」(『略伝』)と書いている。

つまり、読書とは劇薬なのだ。そして、危険な劇薬読書ほどおもしろいものもない。頭の中を攪拌《かくはん》される。常識を覆される。

疑いを抱きつつ、批判的に読む。自らの考えと相反するもの、しかし、無視して避けるには巨大過ぎる名著。そうしたものに、玉砕覚悟でぶつかっていく。人生のある時期、そうした蛮勇はあってもいい。

読み、批判し、乗り越える。

自分の歴史観、自分の倫理観を、反対側から眺める。鍛え直す。

劇薬思想に飲まれないために——論敵にもあたる

批判しつつ読む。クールに読む。

しかし相手は知の巨人、こちらは素手の初学者である。どうしても、相手に飲まれてしまうことはある。そんなとき、ひとつテクニックがある。

同時代人の論敵をあわせて読む。


　しき嶋のやまとごゝろを人とはゞ朝日にゝほふ山ざくら花

本居宣長といえばやまと心。中国に影響されたものの考え方を激しく排斥し、古代日本人のやまと心に帰ることを主張した国学者——。

そうした「外国の影響を排す」という点だけを都合よく切り取られ、アジア太平洋戦争中は、日本軍国主義のイデオローグとしてさんざんに利用された。

じっさいに宣長の著作を読むと、そんな単純な思想ではない。宣長自身も、論語ほか漢籍をよく読み、研究している。日本の〝愛国者〟と称する者が軽々しく使う「大和魂」も、宣長が研究した古来の使用法とはおよそ遠いことが、読めばよく分かる。

しかし後世、偏狭なナショナリズムに利用されてしまう、思想的な弱点があったことも事実だ。宣長と同時代の上田秋成は、早くもそのことを指摘している。

やまとだましひと云事《いふこと》をとかくにいふよ。どこの国でも其国《そのくに》のたましひが国の臭気なり。おのれが像の上に書しとぞ。

敷島のやまと心の道とへば朝日にてらす山ざくら花

とはいかにく。おのが像の上に、尊大のおや玉也。

上田秋成『胆大小心録』

宣長と秋成。江戸時代の知の巨頭が、やまと心をめぐってどのような応酬をしたのか。その筋を追うのは、スリリングな読書体験だし、自分の頭が整理される。

批判的に読むというのは、なにも、非難することではない、あらを探して読むことでは

ない。相手を言い負かすためのテクニック、はやりの「論破力」とはもっとも遠い。批判、クリティークとは、むしろ「自己吟味」だ（柄谷行人『トランスクリティーク』）。

批判とは、「たえまない『移動』をくりかえすこと」。単に場所を移すのではない。政治的、経済的、倫理的な立場を改めてみる。別の立ち位置に移動する。

世界を変えるのではない。自分を変える。

自分を変えれば、自分が太く、強くなる。

世界は織細に、カラフルになる。

B面 憑依されて読む

——転生したら作家だった件

酒が好きで、どうしてもやめられない。酒なんかやめてしまった方が、残りの人生、より多くの仕事ができるだろう。文章も残せるだろう。分かっちゃいるけどやめられない。

古いLPをターンテーブルにのせ、ちょっと高価なグラスと、皿にはチーズやクラッカーの簡単なつまみ、かたわらに読みかけの本を五、六冊ほど積み上げる。LPのA面が終わるのに十五分から二十分程度。B面に変えるついでに、読む本も変える。アナログレコードはひっくり返すのが面倒だという人もいるが、タイマー代わりになってちょうどいい。

自分好みのスピーカーから流れる、深くてあたたかくて古い音を聴きながら、好きな本を読む。おしゃべりなんかいらない。昔から、ひとり酒が好きだ。

ビール、ワイン、日本酒、バーボン、スコッチ、ジン、ウォッカ、テキーラ、なんでも飲む。銘柄など問わない、品のない飲み助なのだが、ただ、ワインならボルドー、スコッチはジョニーウォーカーの黒と、ここ数年は、それ一辺倒に決めている。
かぶれているのだ。

かぶれる――ジョニ黒ソーダ割りとヤングコーンのマヨネーズ添えと

プーシキンの詩に、こんなのがある。

だがこの酒は荒れ騒ぐ泡で私の
胃の腑を裏切る。
そんなしだいで　今はもう
穏健なボルドーに切り替えている。
アイを飲む気力はもはやなくなった。
アイは譬えば恋人のよう
派手で浮気で活気にあふれ
わがままでしかもからっぽ……
ところがおまえは　ボルドーよ　親友のよう

悲しみにつけ不幸につけ
いつどんな場所にあっても伴侶《とも》として
快くわれらのためにつくしてくれ
しずかな閑暇も相共に過ごしてくれる。
われらが友ボルドー　健在なれ！

プーシキン「エヴゲーニイ・オネーギン」

三十七歳の若さで、おそらくは仕組まれたのであろう、馬鹿な決闘騒ぎに巻き込まれ、稀代の詩人・小説家は命を落とした。友人のボルドーと、もっと長く付き合って、もっと多くの作品を残してほしかった。プーシキンと自分を比べるのではない。ただ、わたしのような凡夫は、せいぜい長生きして、少しでも多くの作品、ちょっとはましな文章を残そう。〝友人〟であるボルドーのグラスを回し、そんなことを思いながら、夜、本を読む。

大西巨人の小説は『神聖喜劇』にとどめを刺すが、同じく長編の『三位一体の神話』も好きなのである。

物語前半のクライマックスで、作家の葦阿《いくま》が、友人の作家尾瀬の家を訪ね、謀殺するシーンがある。尾瀬は、作品で自分の恥ずべき過去を暴露しようとしているのではないか。

ありもしない疑念にとらわれた葦阿が、青酸カリで毒殺する凄惨な場面だが、わたしはこの場面を何十回も読んでいる。

たいてい、酒の適量を過ごしてしまったときにそうなる。書棚の、いちばん見えやすいところにある「大西巨人コーナー」へ行き、豪華な特装版のオリジナル単行本ではなく、傍線でいっぱいになった、汚れてもいい文庫本のほうを持ってくる。

飲むのは、ジョニーウォーカーの黒。ソーダ割りで。つまみにチーズ、ヤングコーンのマヨネーズ添え、蟹缶詰にポン酢。もしもあればピーナツ。そして、英語やスペイン語の洋書を含めた、五、六冊の書籍。これが小道具。LPレコードを聴きながら、ゆっくりジョニ黒のハイボールを飲む。至福の時である。

つまり、大西巨人のまねをしているのである。LPを除けばすべて、『三位一体の神話』の殺害場面で現れる小道具だ。酒であり、つまみであり、書籍。

リゴリスティック（厳格）な作風の大西だが、いつでも、ユーモアが底流にある。大まじめな目が、ほんの少しだけ、微笑んでいる。

この場面も、殺人の場面なのに、必要以上にくわしく、おそらく大西本人の嗜好であろうところの、酒やつまみ、本、映画が描かれる。暑くも寒くもない、気持ちのよい静かな秋の夜長。慎ましい酒宴に、登場人物の作家二人がかわす、知的で平和な会話。人を殺す必要など、もはやどこにもないではないか。

そうして、読んでいると、自分もまねしてみたくなる。ジョニ黒のソーダ割りを飲んで、マヨネーズつきヤングコーンをつまんだからといって、わたしが大西のような文章を書けるわけではない。そんなことは知っている。

しかし、尊敬しきっている自分のアイドルを、まねしたくなるその気持ちは、分かってもらえるのではないか。文体そのものだけではない。原稿用紙の使い方も、読書も、観る映画も、果ては酒や食べ物、すべてを、大西の趣味嗜好を追いかけたくなる。

憑依されているからだ。

大西と同じ本を読みたい。映画を観たい。同じように世界を見てみたい。つまり、惚れちゃったのだ。

惚れ込むための道具——個人全集

創作家に惚れ込むという経験をしたい。そういう経験があると人生が劇的に豊かになる。その創作家の、すべてが好きになる。馬鹿になってしまう。

世界は小利口者であふれている。しかし、読書にのめり込むには、ある時期、馬鹿になる胆力があっていい。いわば、うのみにする技術。

憑依されるため、馬鹿になるための、もっとも簡便な方法は、**個人全集を読む**ことだ。

ある人の全集を読むといふ必要を僕は学生諸君に常に説いてゐる。何を読んだらいゝかと聞かれると、前にも書いた通り返答に窮するから、答への代りに、十五円もつて神田の古本屋に行つてトルストイ全集を買つて来て、半年ばかり何んにも読まず、まあ読んで見給へと答へる。幾人かの人に同じ事を答へたが、実行した人は一人もない。

小林秀雄「文科の学生諸君へ」

こういう、アドバイスというか挑発というか、ある種の啖呵を、強圧的だと避けるのは、あまりおもしろくない。「実行した人は一人もない」だと？　だったらおれがやってやろうじゃないか。かえってむきになる。ゲーム感覚。真に受ける。

病人のための有益な丸薬についてとおなじなのであって、それはまるごとのみこめば治療する能力をもつが、かまれれば、大部分は効果なくふたたび吐きだされるのである。

ホッブズ『リヴァイアサン』

有益な薬は、かまない。かんだって苦いだけだ。そうではなく、丸呑みする。

そしていまは、十五円持って神田の古書店にわざわざ行く必要さえない。たとえばインターネットのサイト「日本の古本屋」では、日本中の古書店から一括で検索し、値段や保存状態を比較したうえで買える。発送してくれる。夢のような世界だ。

いま試みに検索したら、トルストイ全集は一万円台前半でひと揃い、手に入る。もっと出版点数の多いもの、たとえば夏目漱石全集ならば四千円で入手できる。

小林秀雄は、作品だけでなく、書簡も創作ノートもすべて読むのだと書いている。そこまでせずとも、生前に、著者が作品として公表した文章をすべて読む。それだけでもじゅうぶん、作家に取り憑かれる。文体に慣れ、考え方が似てくる。生活態度も——食事に風呂に睡眠に、服装や異性の趣味さえ——影響される。まねしたくなる。

そうやって、完全に影響下に置かれる。数年すると、卒業する。飽きたわけではない。別の、まねしたいような巨人に出会う。

ある作家や学者、批評家に憑依される。数年経って卒業し、また別の作家に憑依される。それを、二度、三度と繰り返す。そうしてようやく、〈自分〉になれる。自分らしい、オリジナルな問題意識、考え方の癖、文体、つまり生き方の〈スタイル〉ができあがる。

オリジナルは、憑依から生まれる。

第6章

読む本を選ぶということ

わたしが選ぶ／先人が選ぶ

A面　わたしが選ぶ

――はまるぜいたくを知る、偏食選書

自分の家庭は、読書にとって決して恵まれた環境にあったわけではない。年の近い男三人兄弟で、少年期は貧しく、いつも腹をすかせていた。米の飯を争っているような、浅ましい日々もあった。

父親は、タクシー運転手とは名ばかりのギャンブラーだった。母親は料理屋の仲居をしていた。共働きで、小学校低学年から子供だけで夜を過ごすという、たいへんよろしくない環境だった。

ギャンブラーの父だが、活字じたいは嫌いでなかったようだ。小さな本棚には西村寿行のパニック小説や、吉川英治、柴田錬三郎の時代小説が少し。佐藤愛子の『戦いすんで日が暮れて』、これは母親のものだろう。そんな本が十冊ほどあったか。いずれも、小学生

の興味をそそるものではなかった。

いまでもはっきり覚えているのだが、そのなかに『信長と秀吉』というタイトルの本があった。戦国軍記物で、織田信長から豊臣秀吉に引き継がれる天下取り物語。柴田勝家、加藤清正、福島正則、蒲生氏郷らメジャーな武将から、池田恒興、森長可らマイナー級の武将も活躍する群像劇だった。

いま思えば、愚にもつかない、歴史観もなにもない、戦国シミュレーションゲームのような読み物ではあった。

しかし、これにはまった。飽きもせず、同じ本を何度も読んだ。暗記するほど繰り返した。このころの記憶はいまも鮮明だ。固有名詞を苦もなくそらんじられる。


このあと、柴田錬三郎「三国志」や吉川英治「水滸伝」で中国物にはまり、司馬遼太郎『燃えよ剣』に出会ってからはしばらく、幕末維新の英傑物語を読みふけった。中学生のころはなぜか第一次世界大戦にもはまって、専門的な歴史事典を買ってきて、三帝同盟、三国協商など戦前の国際情勢から、ヨーロッパの火薬庫バルカン半島での「運命の一発」まで、十九世紀末から二十世紀初頭のヨーロッパ「だけ」に、やたらと詳しくなった。

典型的な偏食で、こうした読書を生涯続けていくと、いずれ危険なことになる。後半に書くヒトラーは、そういう意味で偏食読書の大家だった。

それはともかく、一時期でいい。こういう**「はまる」感覚を覚えるのは重要**だと思う。好きになったらとことん絞り尽くす。繰り返す。似たような本を買い集め、読みあさる。「はまる」感覚を手中にする。

田仕事に、はまり、つながり、進化する——汗で読む

わたしの書籍デビュー作は音楽評論で、いままで数万枚のアルバムを聴き、数多くのステージにも直接触れている。しかしミュージシャンの名前や曲名、メロディーを鮮明に覚えているのは、やはり中学、高校のころ聴いた音楽だ。レコードの溝がすり切れ、裏面が聴こえるんじゃないかというほど繰り返した音楽。はまった音楽。

この「はまる」感覚を覚えなければならない。決してブレーキをかけてはならない。読書も、偏食でいい。**好みのままに、勢いに任せて読み散らかす。**

戦国時代や幕末維新の英雄豪傑に憧れて歴史小説を読みあさる。そのうちに、日本史そのもの、日本という国のかたちに興味を持ち始め、分厚い歴史書、専門的な研究書に進むのは、よくあることだ。

わたしは二〇一四年に九州の田舎に飛び、縁もゆかりもない小さな街に住み始めた。耕

作放棄地を借りて田んぼを耕す。山や海で、猟も始めた。

もともとは東京・渋谷生まれで、土いじりなどなんの興味もなかった。いやむしろ虫が嫌いで、自分が泥田に手足を突っ込むことがあろうとは思いもしなかった。農業関係の本は手にしたこともない。

最初は仕事の企画で田仕事を始めたのだ。しかし田植えと稲刈りを続けていると、いやおうなしに疑問がわいてくる。

耕作放棄地を借りているのだが、それじたいが、法律的にかなり怪しい、グレーゾーンの行為だということが分かってくる。食糧自給に関する戦後まもなくの法制度がネックとなって、日本農業の根本に大きな問題をはらんでいる。農業本を読むようになる。

百姓をしていれば、化学肥料や農薬の問題にも直面することになる。レイチェル・カーソンを始めとする、反農薬の告発書にもあたるようになるだろう。不耕起、つまり土を耕さない農法を唱える本も、しぜん、目に入るようになる。

化学薬品を規制したため、アフリカ、アジアの乳幼児の死亡率が上がってしまった。農薬や化学肥料は一律に廃するべきものなのか。それを知るため、やや専門的な化学の本も読まなければならない。

さらには、百姓をしていると、昔、うつろに勉強した数学のことが思い出されてくる。百姓は、「五合の土を取り合う」悲しい生き物だ。小さな土地のことで、争いが起きる。

百姓にとって、面積の計算は死活問題だ。土地に命を賭ける。鎌倉時代の武士は、半農半戦士である。だから、鎌倉殿のために「一所懸命」になれた。土地に命を賭けた。

時代がくだり、武士階級と農民階級が分離してもそれは同様で、太閤検地の例を出すまでもなく、不労階級である武士＝権力者にとっても、面積計算は重要だった。

体で分かったことを、机上で読み返す。幾何学、積分学の基本をやり直す。その過程で、中学、高校時代になじんだユークリッド幾何学以外にも、幾何学があることを知る。非ユークリッド幾何、位相幾何学のごく入り口までは本を読むことになった。フランスの大数学者、アンリ・ポアンカレの著作を読む。

農耕は、人類最大の発明のひとつだ。米や小麦などの耕作は、余剰生産物を生み出す。生産の安定は不労階級を生む。農耕こそ、権力発生の源だった。幾何学は、権力を支える道具だ。

それはまた、ドゥルーズ＝ガタリの、難解でしかたなかった著作『アンチ・オイディプス』を、いわば身体で分かる体験でもあった。自分の流した汗とともに、権力論が体感として分かるようになる。

「はまる」感覚の鍛え方――セルフ・アンソロジー

これらは全部、「はまって」いるからだ。

はまる。のめり込む。夢中になる。関連書籍を片端から読みあさる。自分だけの本のシリーズ、いわば**セルフ・アンソロジーを編む**。「自分叢書」である。

述べたようにわたしの場合、こうした百姓叢書があり、猟師叢書がある。音楽叢書はもちろんある。経済学入門叢書がある。西洋思想叢書、日本思想叢書があって、現代アメリカ文学叢書、ラテン・アメリカ文学叢書、SF叢書にミステリー叢書と、すでにいくつかのシリーズの〝編集人〟になっている。

ジャーナリストの本田靖春が書いていたことだが、ワンテーマで五十冊の本を集中して読めば、その分野の見通しがつけられる。本田は元読売新聞記者だ。その方法論は、わたしの体験にもおおよそ合致する。

最初は書店で、自分が取り組もうと思っているトピックに関する**入門書的な書籍を数冊**、手に取る。新書でもまったく構わない。ただし、**巻末などに参考文献が列挙されているも**のを選ぶ。その入門書をまずは読み、あげられている参考文献をたどり、さらにくわしい専門書の森に分け入っていく。

そうこうしていると、絶対に読まなければならない基本文献、いわば**その分野の古典**が明らかになってくる。だれもが認めている基礎文献、その「最古のもの」を特定する。その古典を頂点に、読むべき本を五十冊、ピックアップする。いや、実際に読まなくても構わない。書き出すだけで見晴らしがよくなる。それらの本を、図書館や書店で手に取り、めくる。

つまり、**人為的に、意図的に、はまる感覚を作り出してしまおう**、ということだ。そもそも人間に「自由意志」などないのだと喝破したのはスピノザだが、わたしも、少しそれに近い意見を持っている。自分の感覚や意志なんて、自由なように見えてたいそう不自由だ。信用できたものではない。

言い換えれば、「はまる」という感覚も、自然発生的なものばかりではない。人為的に、〝不自然〟に、作り出してしまえるものだ。

わたしは意図して「はまって」きた。不得意分野を克服してきた。けっこう長いあいだスペイン語を勉強しているくせに、ラテン・アメリカの文学が好きではなかった。敬遠してきた。「マジック・リアリズム」といわれる小説手法が肌に合わなかったのだろう。キューバを何度か訪れ、「はまった」ことをきっかけに、これではいかんと一念発起し、マルケスやリョサ、ボルヘス、カルペンティエルやオクタビオ・パスにプイグら、中南米の現代作家たちをまとめて読んだ。「マジック」に慣れると、おもしろくなった。はまれた。

現代日本の小説、しかも売れている女性作家は、じつはわたしの最も不得手とするところで、ほとんど忌避していた。ここでも改心して、一時期、吉本ばなな、川上弘美、江國香織、山田詠美らベストセラー女性作家ばかりを集中して読んだ。

偏食読書の現世利益

ところで、こうしたセルフ・アンソロジーを編んでいると、たいへんおおきな現世利益を得ることがある。**自分の問題意識が鮮明になる**、ということだ。

あるとき、わたしは雑誌の臨時増刊編集長として、海外株取引の入門、ありていにいえば、カネもうけ雑誌を作らなければならないはめになった。カネもうけも、株取引も、FXもコモディティも、もっといえば経済記事全体が、いままでの自分の人生になんの関係もなかった。まったく素通りしてきたトピックだった。

仮にも雑誌を作るのに、基本知識なしでいいわけがない。これを機会に勉強しようと、先に書いた「本田メソッド」、ワンテーマで五十冊を読破する計画をたて、入門書から読み始めた。

最初は「海外株でカネもうけ」という問題意識だったはずだ。それが、「国際経済について」基礎的なことから学びたいという問題設定に変わる。「国際経済について」というのも、あまりに大ざっぱで漠然としている。自分がなにを知りたいのか、自分でも分かっていないことが、分かる。

五十冊を読み進めるうちに、自分は「為替相場の仕組み」を知りたいのだと、やや明確になる。なぜ、どうした要因で為替相場は変動するのか。歴史的な背景はなにか。さらに進めば、「アメリカの双子の赤字（財政赤字と経常収支赤字）について」が問題意識として浮上してくる。それが「経常収支とはなにか」に変わるのは、時間の問題だ。さらに読み進めれば「なぜドルが基軸通貨なのか」「金本位制はなぜ崩れたのか」と、解決しなければならないトピックが自分のなかで明確化、先鋭化されてくる。

いずれそれは「通貨、すなわち貨幣とはなにか」という、人類にとって究極の大問題につながることは、明白だろう。また、貨幣を考えることは、結局、「交換とはなにか」「象徴（シンボル）とはなにか」を考えることになる。文化人類学や言語論にもつながる。

マルクスはもちろん、モース、フロイト、ラカン、ウィトゲンシュタインらの著作を読まなければ、到底満足できない。最初はカネもうけのためだった読書が、現代思想最大の果実と、接続される。

郵便はがき

おそれいりますが
切手を
お貼りください。

141-8205

東京都品川区上大崎3-1-1
株式会社CCCメディアハウス
書籍編集部 行

CCCメディアハウス　書籍愛読者会員登録のご案内
＜登録無料＞

本書のご感想も、切手不要の会員サイトから、お寄せ下さい！

ご購読ありがとうございます。よろしければ、小社書籍愛読者会員にご登録ください。メールマガジンをお届けするほか、会員限定プレゼントやイベント企画も予定しております。
会員ご登録と読者アンケートは、右のQRコードから！

■アンケート内容は、今後の刊行計画の資料として
利用させていただきますので、ご協力をお願いいたします。
■住所等の個人情報は、新刊・イベント等のご案内、
または読者調査をお願いする目的に限り利用いたします。

愛読者カード

■本書のタイトル

■本書についてのご意見、ご感想をお聞かせ下さい。

※ このカードに記入されたご意見・ご感想を、新聞・雑誌等の広告や
弊社HP上などで掲載してもよろしいですか。

はい（実名で可・匿名なら可）　・　いいえ

ご住所	□□□-□□□□　☎　—　—		
お名前	フリガナ	年齢	性別
			男・女
ご職業			

偏食読書の利点はここにある。簡単に満足するな。突きつめろ。好きならば、深く掘れ。

Like a Rolling Stone, Like the FBI, And the CIA, And the BBC, B.B. King, …… Dig it

The Beatles 'Dig It'

転がる石のように。ＦＢＩやＣＩＡのように。計画的に、組織的に、陰謀的に。Ｂ・Ｂ・キングのように、真摯にブルースを追求しろ。執拗に、粘着質に、地球の反対側に出てしまうほど、偏食読書で掘りまくれ。ディグ・イット！

B面
先人が選ぶ
――「必読リスト」で整う、健康選書

前節で偏食読書のすすめを書いた。これは一見すると、インターネットのショッピングサイトで、「あなたへのおすすめ」ばかりを読むようなものと思うかもしれない。しかし両者はまるで違うものだ。

アマゾンや楽天で、ＡＩがわたしに「おすすめ」するものは、ある書籍を買ったほかの人が、次に買う書物。似たものだ。同じ円をグルグル回っている。

一方で**偏食読書の本質とは、自分の興味が深くなっていくこと**だ。トピックが明確になっていくことだ。農業の本を読んでいる間に、いつのまにか位相幾何学の本にたどり着いてしまう。カネもうけ読書のはずが、いつかウィトゲンシュタインの難解な言語論を読んでいる。そういう、離陸したらどこに着陸するか分からない危ないジャンボジェットに、

自ら望んで搭乗することだ。

そのためにはまず、**ネットのおすすめ機能を断ち切る**。ＡＩがビッグデータから類推した〝自分〟はいらない。ほんとうの自分とは、いまの自分と違う自分になることだ。その都度都度、生まれ変わる存在になることだ。

いまの自分でない自分になる。自分の趣味嗜好、思想信条、考え方の傾向、いわば脳の癖から、意識して逃れる必要がある。


そのために最適な道具が、わたしにとっては、「必読リスト」だった。

「必読リスト」に従って読む理由

小説でも詩でも、社会科学でも自然科学でも、「これを読んでいなければ始まらない」という基礎的な古典リストは、必ずあるものだ。定評のある「必読リスト」。そのリストに沿って読む。

偏食しない。順番に。機械的に。なにも考えず、文句をいわず。ただただ、**リストを妄信して読む**。

わたしの読書の必携道具は、長いこと、じつにこのリストと、赤と青の色鉛筆だった。

リストに載っている本を買い集める。買ったら本棚に並べ、リストに赤丸をつける。並べておくだけでいい。たなざらし。

気が向いたら、読んだっていい。なんと奇跡的に読み終えてしまった！　読み終わったら、リストの赤丸の内側に、青丸をつける。錚々たる古典が並ぶリストに赤青の二重丸が増えていくのは、コレクターなら分かってくれる、人生の最も爽快なことのひとつだ。時計や車のコレクターではない。本ならば安上がり。それでいて、人類至宝のコレクション。

読み始めて、つまらない、分からないのであれば、いったんやめていい。しかしけっして捨てない。いつかは必ず通読する。

なぜか。

リストに載っているような古典は、ぜったいにおもしろいのである。おもしろくないのは、本のせいではない。自分のせいだ。わたしが悪いのだ。

何百年にもわたって、世界中の人が読み継いできたものだ。だから、いまも残っている。プリントされている。世界が、人類が、お墨付きを与えている。

いいものばかりを見よ。決してわるいものを見るな。わるいものでよごれた眼には、
いいものを見ても判らぬ。

石川淳「雑文について」

もちろん、自分には合わないこともある。しかし、それもいちおう読み通したのちの話だ。漱石や鷗外、谷崎に荷風、太宰に三島を、読まないでおいて「合わない」「分からない」「古い」と、現代作家ばかりを読む。そんなことをしていたのでは、その現代小説、ベストセラー小説さえも、じっさいには「分からない」ままだろう。

リスト読みを長年続けていると、実感できることがある。古典ばかりを、がまんして読む。**十冊も読み通せば、「眼」ができる**。その眼をもって、現代の作品でも、あるいはベストセラーでも読む。これは読むに値する作品か。書店の棚に返すべき本か。すぐ分かる。いいものばかりを見る修業を積んだ、道具屋の小僧になっている。

ジャンル別、おすすめ「必読リスト」

以下には、わたしが重宝してきたジャンル別のリストを、あくまで参考としてあげる。どんなリストがいいか。無責任なようだが、なんでもいいと思う。世の中には「必読書リスト」と称するものがたくさんある。読者が気に入ったものを手に入れる。

なぜなら、こうした**必読リストはどれも似通ってくる**からだ。たとえば日本文学で、夏目漱石、森鷗外の作品がひとつも入っていないリストがあるだろうか。漱石ならば、『こころ』か『吾輩は猫である』か『明暗』か、せいぜい作品選定に違いがあるくらいだ。

同様に、海外文学でシェイクスピアやドストエフスキーが一作も入っていないリストは考えられない。だれが選者であっても、リストは同じようなものになってくる。

（1）海外文学について——要諦は古典

わたしのいちばんのおすすめは**桑原武夫『文学入門』（岩波新書）**。巻末リストにあげられているのは、英米独仏露の、古典中の古典文学だ。十九世紀文学が中心なのは、小説とは、十九世紀ヨーロッパに大流行したアートの形態だからだ。

したがって、ここには二十世紀文学を代表する、プルーストもジョイスも載っていない。クロード・シモンやミシェル・ビュトールらのアンチロマンもない。ボルヘスにガルシア・マルケス、バルガス・リョサらのラテン・アメリカ文学も載っていない。つまり、少し古くさい。旧制高校的な教養主義。

それが、いい。アンチロマン、つまり「小説を否定する小説」を読むならば、まずは、小説らしい小説を読まなければ話にならない。なにを否定しているのかも分からない。

そして、このリストにあげられているような〝古くさい〟文学、たとえばスタンダールにバルザックにトルストイにメルビルにゲーテ、トーマス・マンらは、決して古くならない。いま読んでも、新しい発見がある。

このリストに載っていて、かつては盛んに読まれたのに、最近は見向きもされなくなったものもいくつかある。マルロー『人間の条件』やヤコブセン『死と愛』、ショーロホフ『静かなドン』などがそれにあたるだろうが、もしもこれら作家を読まずにいたら、いかにも惜しいことだった。

河出書房には世界文学全集がいくつかあって、そのグリーン版はよく普及した。第一集から第三集まで出ており、全百巻。この全集を古本で買うのもよいが、ふつうの人は置き場所に困るだろう。シリーズが完結する第三集のいずれかの巻を図書館で借り、巻末にある既刊図書目録をコピーすれば、それが立派なリストになる。文庫本で簡単に買えるものだけを集める。

京都大学文学部がネットで公開している「西洋文学この百冊」も、桑原リストを少し現代的にアップデートしていて、新刊で手に入れやすい。

ヘルマン・ヘッセ『世界文学をどう読むか』(角川文庫)はかなり高度な、網羅的リストだ。欧米の知識人でもすべて読んでいる人は少ないといわれる、やや難易度の高いリスト。

初心者には、**モーム『世界の十大小説』（岩波新書）**が決定版だろう。この十作品が今後価値を減じること、読まれなくなることはあり得ない。

三浦雅士『この本がいい』（講談社）は、前述したリストで手薄な分野、具体的にはラテン・アメリカ文学、戦後アメリカ文学、移民文学、SF、ミステリーなどの、比較的新しい作品に詳しい。コンテンポラリーな動向をつかむのに重宝した。

（2）日本文学について——古典、まずは明治・大正から

日本文学では、**加藤周一『日本文学史序説』（ちくま学芸文庫）**が圧巻だ。古事記、日本書紀から三島まで、日本文学・思想史を、主要な作品内容を紹介しつつ概観する。個人の仕事としては恐るべき内容の濃さで、ここで取り上げられている作品をリストとしてとらえ、順に読んでいく。

じっさいには、源氏物語や正法眼蔵の原典を読む人はごく限られているだろう。古典といってもそこまで厳密に考える必要はなく、明治時代以降の文学作品に絞ったリストでも十分だ。

柄谷行人や浅田彰の選んだ『必読書150』（太田出版）は、日本文学、海外文学、社会科学を網羅しているが、日本文学のリストがとくに吟味されている。このリストを完読すれば、かなりの咀嚼力、あごの力になっている。埴谷雄高『死霊』や大西巨人『神聖喜劇』を読み通せれば、日本語で書かれた文学作品でこわいものなどなくなる。

同書の選者のひとりである**渡部直己の『私学的、あまりに私学的な』（ひつじ書房）**にも巻末リストがある。『必読書１５０』と若干似ているが、独自のリストを載せている。日本文学がとくにいい。

あまり小説を読み慣れていない人には、先年亡くなった批評家・**加藤典洋の『小説の未来』（朝日新聞社）**がいい。現代日本の人気作家から十二作を取り上げ、詳細に読みどころを批評している。まずこのリスト作品をすべて読む。これで慣れれば、明治・大正の古典的な日本文学に進めばいいし、先述した海外文学の古典も読めるようになってくる。初心者には便利なリストだった。

（３）社会科学——原典のハードルを下げる参考書を選ぶ

先述した『必読書１５０』にとどめを刺す。プラトンに始まり構造主義など現代思想まで、ヘビー級の本格派を並べている。選者のひとり、奥泉光が同書で書いているように、このリストを鵜呑みにして、端から順に読んでやろうという人間は、かなり奇特な人間だろう。ちょっと狂った、頭のおかしい人。もちろん、いないわけではない。わたしがそのひとりだ。

しかし、哲学の訓練を受けていない人が、たとえばカント『純粋理性批判』やヘーゲル

『精神現象学』に徒手空拳でぶつかり、理解しようというのは、現実的でない。

そうではなくて、カントならカント、ヘーゲルならヘーゲルが、**いつの時代の、どこの国の人で、著作でなにを問題にしたのか**、これが自分なりに腑に落ちればよしとする。あまりハードルを高くしたところで、本嫌いをむやみに増やすだけで意味がない。だから、たとえばカントの著作にじかあたりするのではなく、カントの生涯と、その主著である『純粋理性批判』の解説に紙幅をさいた**参考書を一冊読む**。新書くらいのボリュームでいいだろう。

ここでは、その参考書の選び方について、自分でもよくする方法をひとつ。

たとえば『必読書150』には、スピノザ『エチカ』があげられている。わたしは『エチカ』を読み始めて、いきなり、まったく分からなかった。

スピノザがなにを問題にしたのか。その輪郭を知る。目標をそこに切り替えた。そのための解説書、参考書を探す。この点で日本はほんとうに恵まれている。新書の形で初学者に解説する本が多いし、翻訳書も多数ある。ただし、新刊書店の書棚に並んでいるかというとなかなか厳しい。

こういうときのための図書館である。自分の住む都道府県内すべての図書館の横断検索を引く。書名だけではなく、キーワードでも「スピノザ」を入れて検索する。

東京の中央図書館だと三百件以上がすぐに出てくる。絞るのに苦労するほどだ。わたしはいま、熊本県の天草市という離島に住んでいるが、それでも県内では百八十件以上の資料がひっかかる。そこであたりをつけた書籍や雑誌をすべて予約し、手元に取り寄せる。書物を手に取り、ざっと目を通す。いまの自分でも少し理解できるものがある。あるとしたものだ。

そのうち一冊、自分の肌に合う書籍を買う。

すでに絶版、品切れになっているものが多いだろう。インターネットが発達してよかったことの、数少ないひとつは、古書の探索が格段に簡単になったことだ。昔のように古書店街を探し歩いたり、全国の店に電話をかけまくったりする必要はない。ネットで「日本の古本屋」にアクセスし、めざす書名を入力するだけでよくなった。よほどの貴重書でない限り、たいていい見つかる。

本書巻末の百冊選書の社会科学篇には、古典に近づくための参考書をあげている。あくまでわたしにとって分かりやすかった参考書・解説書であり、ここは人によって違っていい。書いたように、図書館でなるべく多くの解説書を手にして、その中の一冊を選ぶ。

手に入れたなら、その参考書を、線を引きながら徹底して読む。参考書の著者の、問題意識を理解する。その納得した部分だけでもいいから、じっさいの〝本丸〟である『エチカ』なり『資本論』なりを読む。

まだ買わなくてもいい。図書館で借りていい。しかし、古典そのものも、必ずさわる。当該のページを繰る。いつかは読むべき本、お遍路の果てに踏破したい、ありがたい霊場、札所として、遠くから拝んで、手を合わせる。

そうした最難関な大古典をじっさいにどう攻略するかについては、第8章に詳述する。

自然科学では**岩波ジュニア新書『これだけは読んでおきたい　科学の10冊』**が入門篇にいいだろう。ジャンルも幅広く行き届いている。

岩波新書や講談社ブルーバックスから、アインシュタインに湯川秀樹、朝永振一郎、南部陽一郎ら、ノーベル賞受賞者など一流科学者が一般向けに書き下ろしたものだけ選って読んでいくのは、楽しい読書体験だ。

リストを網羅するコツ——ジャンル別、読む順序

さて最後に、自分も苦労したことなので、もうひとつ、大きなお世話を書いておく。

社会科学のリストは、時代の古い方から新しいのに向けて、順に読んでいく。まずは、プラトン、アリストテレスから読むということである。

わたしの学生時代は、「ニュー・アカデミズム（ニューアカ）」がブームになった。浅田彰『構造と力』がまさかのベストセラーになり、中沢新一らの本もよく売れた。

これは、フランス現代思想を紹介するブームで、いわゆる構造主義、ポスト構造主義の日本への紹介である。最近よく売れた千葉雅也『現代思想入門』（講談社現代新書）は、その後続ランナーである。

だから、八十年代当時、知的流行はまずもって、レヴィ＝ストロース、フーコー、ラカン、バルトの構造主義四銃士、あるいはデリダにドゥルーズ＝ガタリらポスト構造主義にあった。

しかし、フーコーやラカンを読むならば、彼らが批判の対象とした近代哲学を読んでいなければ、なにを話しているのかも分からない。そしてマルクスを読むならばヘーゲルを読んでいなければならない。ヘーゲルを読むならばカントを、カントを読むならばデカルトを……。

まともな哲学や思想は、先人が議論してきたことを踏まえて、そこに新しい〈概念〉を発見する。積み上げる。**哲学とは、哲学史のことである**という人さえある。

八十年代にフランス現代思想が流行した後、アガンベンやネグリらのイタリアン・セオリーが短いあいだ席巻し、いまはマルクス・ガブリエルの「新しい実在論」が流行の先端なのだろう。先行世代のフランス現代思想を、厳しく批判している。それは構わないが、新しい思想を追うのは疲れるし、なにを話題にしているのかも分からずに終わることがたびたびだ。

　だから、地味でもどかしくはあるが、古いものから読む。結局それが早道だった。


　これとはまったく逆に、**日本文学のリストは、新しい方から古いものにさかのぼる**のがいいと思う。いきなり源氏物語を原典で読めといわれても、早々に挫折するのが関の山だ。まずは、同時代の作家から順に読んでいく。『必読書150』でいえば、中上健次から始めて二葉亭四迷に至る。『私学的……』でいえば高橋源一郎から始まり尾崎紅葉へと、時代をさかのぼっていく。そういう意味で、加藤典洋リストの現代作品十二作をまずは準備運動として読破してしまう、というのは賢い選択だ。

江戸期以前の文学にとってもこの手法は有効だった。加藤周一『日本文学史序説』のリストで、近松や西鶴、上田秋成に本居宣長ら近世のものから読んでいき、室町時代の世阿弥、ついで鎌倉時代の徒然草、方丈記、平家物語、そしていよいよ本丸の源氏物語を含む平安宮廷文学に進む。さらに万葉集をへて古事記へ。

　言葉遣いや語彙の点で、近世のほうが現代日本語に近いから、理解が容易だということもある。それ以上に、平安時代の宮廷人は、ものの考え方も世界の見え方も、わたしたち現代に生きる日本人とはまるで違う。現代語訳を読んでも意味の分からない考え方をする。

異星人なのかと思う。英語など外国語の本の方が、よほど分かりやすい。だからこそ読む価値があるとも言えるのだが、いずれにせよわたしにとって、日本文学では「新↓旧」の順番を守るのが、挫折しない秘訣だった。

海外文学も、基本的には同様だ。新しいものから始めて、最終的には小説の始祖である『ドン・キホーテ』やボッカチオにさかのぼる。しかし、少しだけ注意がいる。あまりに新しすぎるのも考えもので、小説に慣れていない人が、プルーストやジョイス、クロード・シモンにミシェル・ビュトールから始めるのはおすすめしない。これらの作品は、小説を否定するかたちで出発したものだ。いずれ読むべき書物であることに変わりないが、**小説らしい小説を読んで、そして、その否定、超克へ進む**のが筋であろうし、分かりやすくもある。

だから、ここでの「新しいもの」とは、せいぜいヘミングウェイ、スタインベック、トーマス・マン、マルタン・デュ・ガール、ロマン・ロラン、モーム、そういった第一次大戦の前後、二十世紀の初めに華々しく活躍した作家たちから始める、という意味だ。

整理すると、十九世紀ヨーロッパ小説が海外文学の主戦場だ。そこに乗り込む準備運動に、二十世紀初頭の海外文学で目を慣らしておく。ついで十九世紀小説の大巨匠、ディケンズにバルザックやスタンダール、ドストエフスキーにトルストイらに挑む。あらかた読み終えたら、ボッカチオや、セルバンテス、ゲーテら十七、十八世紀小説草創期の巨人に挑む。

それが終わったら、いよいよ現代の小説、「小説の否定」であるプルーストやジョイス、クロード・シモンやジャン・ジュネ、中南米のマジック・リアリズムに移るという行程表。自分にはこれがいちばん向いていた。というより、こういう行程表がなかったから（あたりまえだ）、やみくもにぶつかっていき、ずいぶんと苦労した。

古典を読む意味を見出せないならば

自分自身に課している日課では、これに加えて④**詩集**がある。この四種の課題図書リストを同時並行で最低でも毎日十五分ずつ読む。一時間ずつ読むのが理想なのだろうが、なかなかその時間はとれない。

この年になると若い人に読書法を聞かれることもあるので、そうするといつもこの、四種読書とリスト読書を答える。感心してくれるが（あきれているのかも）、どうもみな、心なしかゆっくり後じさっていくようでもある。

その気持ちは分かる。

リストに載っているような古典を読むのがしんどいようだ。わたしは高校時代からずっとこれ（リスト読書）をしてきたので、なにがそんなにつらいのか、よく理解できていないところがある。

やはり「忙しい」ということが大きい。加えて、「不安だ」ということもある。重要そうな新刊書籍は山ほどある。忙しい毎日で、なぜリストにあるような古くさい本を読まなければならないか。自分の仕事に役立つのか。さっぱり分からない。不安だ。

もっともだと思う。ただ、なんの役に立つのかは、本を読み、リストをつぶしているまさにその当座には分からないという原理がある。そこが肝だとも、同時に思う。

小利口になってはいけない。むしろ大馬鹿になれ。**いまの自分に、なんの役に立つのかと、こしゃくなことは考えない**。信じ切る。馬鹿になって、リストにしたがって、単に目を動かす。なにしろ、相手は信じ切っていい大巨人ばかり。知的山脈だ。

あらすじや登場人物があやふやでも、思想がさっぱり分からなくても、目を動かしていると、はっとする一行、目が釘付けになる文字が、飛び込んでくる。一冊を読み終えて、一行も目に飛び込んでこない大古典など、あり得ない。必ず、ある。そして、その一行、一段落が、一生残る砂金だ。

ヒトラーもスターリンも毛沢東も、〝大読書家〟だった。ヒトラーの図書館には、一万六千冊の書物があった。傍線や書き込みもあり、熱心に読んだ形跡があった。なかにはニーチェやシェイクスピアらの古典もあった。しかし、その他の多くは、軍記やオカルト、心霊術、占星術の本で占められていた。

つまり、**読書そのものは、人格を育てない**。劇薬だ。興味の赴くままただ読むのは、**有害でさえある**。ヒトラーのように、人類の災厄とすらなる。生涯を濫読で終わってはいけない。人生のある時期だけでもいい。リストに沿ってカノン（正典）を読む。リスト読書を通過したのちには、あとはなにを読んだって構わない。劇薬であろうとなんであろうと、咀嚼するあごの力が備わっているのだから。

いまの自分を甘やかすな。変わる。変わり続ける。どこまでも転がっていく。

そして、リストはいまの自分を突き放してくれる。自分の好み、嗜好とは、関係がない。食指が動かないものばかり。それでいい。安心していい。なにせ、時間が証明している。リストに載っている大古典は、何百年ものあいだ、何千万人、場合によっては何億人によって読み継がれ、新しい読みを発見され、生き残ってきた本物ばかりだ。

リストは、偶然の出会いを促す。自分を、強制的に旅に出す。自分が、自分以外のものになっていく。いまだ自分ではない自分への召喚状だ。

第7章

孤独の読書／みんなの読書

A面　孤独の読書

――強さと愛する力を手に入れる

現代のわたしたちは人類史上かつてない激変の時代を生きている――。

テレビでもネットでも、あるいは書籍の広告でも、毎日、そう喧伝している。うそっぱちである。すべての人間が、自分の生きている時代を特別だ、かつてない激変の時代だと思っている。


「わたしたち」が、そんなに特別であるはずがない。試みに、昭和三十年ごろの、小津安二郎監督のモノクロ映画を観ればいい。いまのわたしたちの感覚からすれば、なんともどかな時代を生きているように見える登場人物たち。木暮実千代が、しかし、「たいへんな違いねえ」と時代の激変を嘆いている（「お茶漬の味」）。

すべての人間にとって、自分の生きている時代は史上初。あたりまえだ。自分が生まれて、生きて、死ぬ。それ以上に「たいへんな事件」があるだろうか。

SNSを断ちひとりになる——我に返る

ただ、ひとりになるのが難しい時代になったとだけは、どうやら言えそうだ。

いまの時代ほど、一人でいることが忌避される時代もない。リアルの世界で、つながっていたい。浮きたくない。「ぼっち」を避けたい。スケジュール帳に空欄があるのを恐れる。だからみな、空気を読んで、顔色をうかがっている。みながみなに、忖度して生きている。

バーチャルの世界でも、「いいね」やフォロワー数が生きるよりどころ。だが、ソーシャルなネットワークなどは幻想だ。あれは、企業がカネもうけをしているだけだ。いいねやリツイートの数で、まるで自分が承認されたように錯覚する。そうした幻覚を利用した二十一世紀のドラッグがSNSだ。

ドラッグと同じだから、摂取すればするほど苦しくなる。つながればつながるほど、さびしくなる。ますます、一人の時間が怖くなる。

そんな時代に正気を保っていたかったら、ときたま、体をクリーンにすることだ。七十年代のローリング・ストーンズ、キース・リチャーズのように。コンサートツアーに出る前は、どんなに苦しくてもドラッグを断つ。明日も生きて、ステージに立っていたいのならば。

わたしにとって、正気に戻る時間とはいつだろうか。

もちろん本を読むときだ。**テレビもネットも遮断して、意識して一人きりになる。**

本は、一人で読む。一人で読むに決まっている。むしろ、独りになるために読む。

孤高を気取っているのではない。世間から浮きたいわけでもない。ただ、一人でいることも苦ではないことを学習する。孤立を求めず、孤独を恐れず。

孤独でも、孤立はしなかった──本がある、から

こういうことがあった。

わたしは昔から体が大きい方で、運動もそこそこできたので、小・中学校でいわゆる「いじめ」にあったことがない。いじめたこともない。

長いこと、そう信じ切っていた。

数年前、小学六年生を相手に授業をしなければならなくなり、自分の小学生時代をあれこれ思い出すうち、ふと、「あれは、もしかしたら……」と思い当たることがあった。

昔の小学生の遊びといえば草野球で、わたしはいつでも中心的なメンバーだった。サードを守り、クリーンナップを打つ。そういう子供だった。

ところがある日を境に、ふたつのチームに分けるジャンケンで、どちらのチームリーダーにも呼ばれなくなった。指名されなくなった。最後まで指名されない。けれども「おれはどっち？」と遊び仲間に問うこともしなかった。いま思えば不思議なのだが、「そういうこともあるか」という気持ちで家に帰ってしまった。翌日も、翌々日も、チーム分けで指名されない。改めて思い返せばだが、ほかの子供たちは意味ありげな含み笑いをしたり、うつむいて決まり悪げにしていたように思う。

書いていて自分でも呆れる。これは典型的ないじめだろう。

そのときはたぶん音頭取りがいて、「あいつ、むかつくからシカトしよう」とでも話がまとまったんだろう。標的は、日々、移り変わってゆく。子供たちはいつ自分が標的にされるのかと恐れ、おどおど生きる。大勢に従う。いじめに加担する。

さてわたしはといえば、先ほど書いたようにさして気にするでもなく、家に一人で帰っていた。いじめとも思わなかった。「いまはそういう流れなんだろう」。子供にしては驚くほど達観していた。親にも教師にも、誰にも相談しなかった。相談したいとも思わなかった。

家に帰って、本を読んでいた。レコードを聴いていた。実家はそのころ小さな雀荘をしていた。なので、家に帰れば流行歌や演歌、ほんの少しロックのドーナツ盤が転がっていた。端唄小唄のLPもあった。小さなテーブルプレーヤーでそれを聴いていた。

そんな家だから書棚も貧しいものだったが、どこかの家のもらい下げか、表紙がはがれているような、ページが日に焼けた少年ものの本がいくつかあった。柴田錬三郎の「三国志」があった。わずかな小遣いをためて買った、三省堂のポケット版世界史事典があった。そんな本を、飽きもせず、繰り返し読んでいた。暗記した。

音楽を聴きながら本を読む。

思えば、小学生のころからいまと同じことをしていた。退屈だとは思わなかった。たしかに孤独だったんだろう。しかし、孤立しているとは思わなかった。自分を憐れまなかった。

少しもへこたれない。へこたれる理由がない。翌日もふつうに学校に行き、ふつうに無視され、ふつうに帰ってきて、飽きもせず、ドーナツ盤を聴き、本を読んだ。

いじめているのに、いじめを気づかない。これでは相手も張り合いがない。あまり覚えていないが、数カ月で無視は終わった。手打ちもなにもない。なにごともなかったように、日常に戻った。しかし、もうみんなと草野球はしなかった。かわりに、一人で走るようになっていた。

世間に、愛想が尽きたんだろう。

孤独のレッスン

エーリッヒ・フロムはドイツ生まれのユダヤ人で、第二次大戦前にナチスの迫害を逃れてアメリカに渡った。いわば、生まれた故国から、国をあげての「いじめ」にあった。アメリカに亡命して多くの著作を残し、中にはベストセラーになったものもある。

実際、集中できるということは、ひとりきりでいられるということであり、ひとりでいられるようになることは、人を愛せるようになるための必須条件のひとつである。もし自分の足で立てないという理由で他人にしがみつくとしたら、その相手は命の恩人にはなりうるかもしれないが、ふたりの関係は愛の関係ではない。逆説的ではあるが、ひとりでいられる能力こそ、愛する能力の前提条件なのだ。

フロム『愛するということ』

ひとりきりでいられるということ、孤独に耐えられるということ。それは、強くなることである。人は、強くなければ人を愛せない。人を愛せなければ、生きている資格がない。

ある特定の人から、愛されたい。世間からも、愛されたい。だれもがそう望む。しかし、多くの場合、思い通りにはいかない。自分の愛する人が、自分を愛してくれない。つらいことである。身にしみてよく分かる。しかし、人の気持ちは動かせないのだ。

自分の選択で、いまの時代に、この国に、生まれたわけではない。この親から生まれたかったわけでもないし、こんな容姿にしてほしかったのでもない。親ガチャ。国ガチャ。しかし、そうした偶然を受け入れる。運命を甘受する。

強い人とは、与える人のことだ。報いられることを求めない人のことだ。迫害されても、自分の人生を愛する。そのためには、ひとりきりでいることに慣れる。

孤立を求めず、孤独を恐れず。

本を読む。その、もっともすぐれた徳は、孤独でいることに耐性ができることだ。読書は、一人でするものだから。ひとりでいられる能力。人を求めない強さ。世界でもっとも難しい〈強さ〉を手に入れる。

読書とは、人を愛するレッスンだ。

B面
みんなの読書

——ナラティブすれば自分が分かる

本は一人で読むものだ。

それはそうなのだが、大勢で一冊の本を読んでも、楽しいことは、ある。

自分の読みを語る。どこがおもしろかったか。自分はどの文章にしびれたか。どの場面に打たれたのか。よく知られた名場面もいいが、なるべくなら、**いままで指摘されなかったような〈新しい読み〉を語る。**チャレンジする。

未読の人もいるのだから、まずはあらすじを、ごく短く、必要最小限に語る。あとは、自分の〈読み〉を披露する。気に入った場面を、なぜそこに魅入られたのか、理由を添えて語る。

読んだことがない人に、「おもしろいから読んでみなよ」と誘い込むような語り。すでに読んだ人には「そういう解釈があったか」とうならせる。

ナラティブは、いいものだ。**言葉にすると、自分がなにを考えていたか、自分はどういうことに感動するのか、初めて分かる。**自分の輪郭が見えてくる。

あるいは、言葉にしようと苦労していると、自分がいかになにも考えていなかったかが分かる。「言葉にできない」というのは、嘘だ。怠惰だ。言葉にできないのではない。考えていないのだ。

世の中には読書会というものがある。リアルなものが数多くあるし、オンラインでの読書会やサークルもある。

わたし個人のことを正直に書くと、極端な人見知りなので、よく知らない人の前でなにか話すこと、ましてや読書の感想などという、一種の感情吐露は苦手中の苦手で、できれば避けて生きていきたい。

そういう恥ずかしがり屋は、「本友達」でじゅうぶんだ。

わたしは新聞社にも勤めていて、同僚も数多くいるが、人付き合いが苦手で、つるんで飲みにいく仲間はいない。それでも本友達はやはりいて、その人は政治部の編集委員で、歴史的視点から国際政治や外交の記事を書いているのだが、つまりわたしとは対極にあるような正統的な記者なのだが、文学も含め、驚くほど幅広く本を渉猟《しょうりょう》している。

そういう友は一生の宝だ。二人で飲んでいても会社の愚痴にはならない。いつも本の話。最近読んで感銘を受けた新刊から、古典、外国語の本まで。なにも情報交換しようというのではない。言葉にする。ナラティブする。それだけで自分の読みが深まってくるし、相手に想いが届いているかどうかも計れる。

いろんな「読み」でテクストを味わう

本を読んだ感想に、正しいも正しくないも、ない。テクストは、いったん書かれたら作者の手を離れる。作者の思ってもいなかった受け止め方をされて、一向、構わない。

Il n'y a pas de hors-texte.
「テクスト―外」はない。

こう書いてデリダが言いたかったことは、テクスト以外は存在しない、テクストだけが正統なものである、ということではない。それではまるで理解が逆になる。「テクスト―外」なるものは、ない。**どこまで行っても、テクストに含まれる**、包含されてしまう。テクストの外に出ることはあり得ない。

ある文章、ある作品を読んで、感銘を受ける。強い印象をもつ。新鮮な解釈を思いつく。もしかしたら、作者の意図していなかった解釈かも知れない。

それでいい。それこそ尊い。テクスト（文章）は、作者の元にとどまっていない。読者が新しい解釈を付け加えて、どんどん太くなっていく。それが、いい文章だ。風通しのいい文章だ。

古典が新しい本より価値が高いのは、端的にいえばそこだけだ。**古典の方が、世界でいろんな読み方をされている。**長い期間、広い地域で、読者に受容されてきた。その分、読まれ方のレイヤー（層）が厚い。そうした読み方のうち、どれが正解ということはない。本を読むのに、誤読ということはない。

目指したいのは「おもしろい読み」――『坊っちゃん』の呪詛

「正しい読み／間違った読み」はないのだが、しかし、「おもしろい読み／つまらない読み」はある。

夏目漱石の初期作品『坊っちゃん』は中学教科書の定番で、分かりやすい青春活劇だ。しかし、読めばなかなかに謎の多い作品で、一筋縄ではいかない。

たとえば、大学を出たばかりで新米教師に過ぎない主人公の坊っちゃんが、同じ数学科の先輩教師、しかも教科主任である山嵐と、親友になるのはいいのだが、ずっと「タメ口」なのだ。先輩後輩関係、長幼の序を重んずる日本的風土からすると、きわめて不思議な関係だ。

また、赴任地である愛媛・松山を、坊っちゃんは終始、罵倒し、呪詛している。坊っちゃんは生一本の江戸っ子。「箱根より東にヤボと化け物はいない」が自慢の町っ子である。だから、小うるさくて計算高い〝ど田舎者〟を、徹頭徹尾、軽蔑しきっている。

これを読んで気持ちよくなる松山の人はいないと思うのだが、しかし、いま、『坊っちゃん』は松山観光の顔であり、街の誇りになっている。

前者の「タメロ」についていえば、ここに坊っちゃんと山嵐の、ボーイズラブ的関係を読みとる人もいる（わたしには、あまりおもしろくない読みだ）。

後者の、松山を終始呪詛する筆致について、わたしの読みはこうだ。

「松山」とは「日本」のことだ。図々しく計算高くて、衆をたのんで居丈高になる〝田舎者〟とは、日本人のことだ。松山を呪っているのではない。自分の祖国・日本のありさまを、嫌悪し、腐し、唾棄している。

当時の日本は、急速に近代国家になろうとし、西洋の文物を取り入れるのに躍起。文明開化に殖産興業に富国強兵、かけ声も勇ましく、自国民に対しては無慈悲・不寛容で、貧民から搾取し懐を肥やす成り金たちが台頭する。他国民に対して侵略的・強圧的で英米仏の帝国主義者を猿まねする。図々しく、横着で、卑怯で夜郎自大な新参者。坊っちゃんの呪詛は、世界の田舎者＝日本に向かって投げつけられる。

二つの読み――『ハムレット』の優柔不断？

シェイクスピア『ハムレット』を読んでみよう。主人公はデンマーク王国の王子。冒頭、不慮の死を遂げた国王である父親の亡霊に出会う。

自分を殺したのは、弟のクローディアスだ。妻を奪い、王位を簒奪《さんだつ》した憎き弟を殺し、復讐してくれ。

父の亡霊はそうけしかける。

勇猛果敢なハムレットは、しかし、いつまでも決断できない。宮殿をうろうろしては、叔父や母に遠回しの嫌みばかり言って疎まれる。いとしい恋人オフィーリアにも「尼寺へ行け、尼寺へ」なんて突き放す。しっかりつかまえてくれない。

優柔不断。決められない主人公。復讐も逃亡もできず、最後は恋人オフィーリアの兄と決闘して自滅する。愚図なのか？

世界史に残る大古典を、そう読む人だっている。それも、まあいいだろう。とくに文句はない。

ハムレットは愚図なのではない。父のかたきである叔父のクローディアスを殺せないのは、クローディアスが〝自分自身〟だからだ。

どんな人間も、赤ん坊のとき、母親が自分のすべてである。食事も排泄も、なにもかも自分ではできない。母が乳を与え、尻を清潔にし、外界から守ってくれる。この乳房を手放したくない。だれにも渡したくない。

しかし、そこに立ちはだかるのは父親だ。乳離れしろ、ひとり立ちしろ、大人になれ、言葉を覚えて人間社会に参加しろ。毎日、小うるさくせきたてる。

母親の愛を独り占めしたい。父親の圧政から逃れたい。極端に敷衍《ふえん》すれば、父を殺して母を犯す。これが幼少児の無意識の欲望だと喝破したのは、精神分析学者のフロイトで、つまり「エディプス・コンプレックス」だ。

さて、ハムレットの父親を殺し、母親を犯した（娶った）のは、だれか。そう、叔父のクローディアスである。ハムレットは、父親の亡霊に「かたきをとれ」とせっつかれるのだが、いつまでも決断できない。それは、叔父のクローディアスが自分の無意識を代行してしまったからだ。父を殺し、母を犯す。クローディアスの行いは自分（ハムレット）の無意識の欲望そのものだった！

この、目が覚めるような読みをしたのは、誰あろう、フロイト自身である。

ところで、「ハムレットはただの愚図」論と、「ハムレット無意識」論と、どちらの読みが正しいのか。

そんなことは分からない。だれにも答えられない。シェイクスピアにも答えられない。テクストは作者のものではない。

ただ、「ハムレットは愚図」論と、「ハムレット無意識」論と、どちらの読みがおもしろいか、ということは言える。

作品の解釈に、正解はない。作品は作者の手を離れると、自立的な生命を持つ。テクストに誤読はない。要は、**その読み、その解釈が、おもしろいかどうか**だ。

ちょっと高価な豆を買ってきて、挽きたてのコーヒーを入れる。あるいは、よく冷やした白ワインでもいい。カップやグラスを手に、目の前の恋人、友人、夫や妻に、読後の感想を語る。四月の陽光が降り注ぐ。ヒバリの声がする。本をひざの上でめくりつつ、この本のどの文章が、どんな場面が、あるいは、風景や食事の描写が素敵だったのか。装丁やデザイン、紙の質感が心に残ったか。語る。

すべて世はこともなし。

If this isn't nice, I don't know what is.

これが幸せでないなら、いったいなんだっていうんだ。

"A Man Without a Country" Kurt Vonnegut

恋人も友人も、家族もいない。話せる人がいない。そういう人もいるかもしれない。かつて、学生時代の自分がそうだった。

それでも、いいじゃないですか。感想を書く。一行でいい。本の扉に書いておく。未来の自分に、書いている。本を読むのは、いつか幸せになるため。

これが幸せでないなら、いったいなんだっていうんだ？

第8章

何のために本を読むのか

あわいの娯楽／挑むべき修業

A面
あわいの娯楽
――かんたん読書主義者のすすめ・七カ条

ビジネス実用書では、頻繁に改行して余白を多くとるのが定番になっている。段落変えも多用する。わたしの書いているこの本も、そうである。

そのことじたいは、悪くない。読むスピードが速くなり、今日は一時間で百ページ読めた、一日で一冊読めた、というのは自信につながる。読むスピードの速さは、そのまま自己肯定感を生む。改行が多いのは、みな「かんたん読書」が好きだからだ。

速く読める理由は二つ

ところで、なぜ人は速く読めるのだろう？

「知っていること」を読んでいるからだ。

世に速読術は数多いが、あれは、動体視力を養っていると思って間違いない。すでに知っていること、予想のつく範囲のことを、猛スピードで読んでいる。たとえば数学になんの知見もない人が、トポロジー（位相幾何学）の入門書を猛スピードで速読できるかといえば、そんなことあるわけがない。**「読む」と「理解する」とは、ふたつの違う出来事**だ。

下手の横好きで、わたしは数カ国語で外国語の本を読む趣味がある。英語は長く勉強しているわけだし、とくべつに暗記したので語彙も一万語は超えている。辞書を引かずに英語の本を読むのは、さほど難しくないレベルになった。

しかし、読むスピードはなかなか速くならない。英語で速読できるとは、とてもいえない。なぜスピードが上がらないかというとこれは簡単で、「見たことのないものを見ている」からだ。

日本語の本を読むときは、単語のひとつひとつを読んではいない。一文全体を、見るというより眺めている。それで意味は通る。なぜかというと、多くの文章は、以前から見ている言い回しであり、以前から聞き知った論理で構成されているからだ。

英語の場合だと、いつも見なれている「単語、文章、文章のかたまり」は、日本語の半分以下なのだから、わたしの読むスピードが遅いのも仕方ない。

逆に考えれば、**①ふだんから見なれている文章②聞いたことがあり理解もしている論理、のふたつが増えてくれれば、読むスピードは格段に上がる。**かんたんに読めるのは結局、「もう知っている」からだ。

気まぐれな、「かんたん読書」あれこれ

速読については第1章に書いた。ここでは速読の仕方ではない、「かんたん読書」の方法論を箇条書きにしてみる。「かんたん読書」を積み重ねていけば、読むスピードも自然に上がってくる。

(1)ばかり読み――偏食は「はまる」を体得できるだけではない

自分の好きなもの、肌合いのあうもの「ばかり」を読む。

先にも書いたが、わたしは小、中学校のころに、戦史にはまったことがある。

小学生のころは戦国時代の武将たちの合戦ものだった。北条早雲や斎藤道三の出世物語から織田信長、豊臣秀吉の天下取り、徳川家康による江戸開府まで。戦国大名の国盗り物語に熱中した。

海音寺潮五郎、吉川英治、それにもちろん司馬遼太郎の歴史小説を読みふけるようになった。剣豪ものは好きではなく、合戦ものに興味があったようだ。

歴史小説は、歴史ではない。司馬遼太郎全作品を読破したからといって、歴史に精通するわけではない。それはそうなのだが、しかし少なくとも、文章を読むことは速くなる。固有名詞や、漢字の読み、言い回し、いわばジャーゴン（専門用語）を覚える。本を読むのが、かんたん、気楽なものになる。

そのために、自分の好きなものばかり読む。ばかり読みを恥じることはない。同じような傾向のものを**大量に読んで、早く飽きることが肝要**だ。いつまでもカスケイド（小滝）に落ち込んでいてはいけない。それでは、ネットで自分の好むニュースばかりを読み、たとえば陰謀論にはまってしまう人と同じだ。

「ばかり」読みは、早く飽きるためにする。

（2）いちぶ読み——発想を変えれば全部を読む必要もない

漱石の『こころ』は、昔であれば国語教科書の定番で、高校生はみな読んでいた。いまは、「難しくてとても読めない」という大学生さえいる。

全部を読まなくても構わない。たとえば、語り手である大学生が苦心して卒業論文を書くあたり。勉強に苦しんでいる若い人には、響くかもしれない。

そのころ日本の大学は夏に卒業である。卒論の山場は冬になる。正月明け、まったく準備にとりかかっていなかった主人公は、自分で自分の度胸に驚く、それからは、「論文に祟られた精神病者のように」なって、寝る間も惜しんで書きつづける。

梅が咲くにつけて寒い風はだんく向《むき》を南へ更《か》えていった。それがひとしきり経《た》つと、桜の噂がちらほら私の耳に聞こえだした。それでも私は馬車馬《ばしゃうま》のように正面ばかり見て、論文に鞭《むち》うたれた。私はついに四月の下旬が来て、やっと予定どおりのものを書き上げるまで、先生の敷居を跨《また》がなかった。

私の自由になったのは、八重桜の散った枝にいつしか青い葉が霞《かす》むように伸びはじめる初夏の季節であった。私は籠《かご》を抜け出した小鳥の心をもって、広い天地を一目に見渡しながら、自由に羽搏《はばた》きをした。

夏目漱石「こゝろ」

苦労のかいあって論文は審査を通り、卒業することができた。

卒業が決まったら、その晩はどこへもいかず、先生の家でお祝いすることに決めていた。真っ白なテーブルクロス、（想像だがおそらく）銀の食器、簡素だが心のこもったお祝いの膳、「奥さん」が細く長い指で手ずから給仕してくれる（当時は下女が給仕するものだった）。デザートには、「奥さん」お手製のアイスクリーム（当時はきわめて珍しいぜいたく品）まで出た。

わたしはこの場面がなぜか好きで、学生のころからあきもせずくり返し読んでいた。学生らしい野心、学問芸術への憧憬、学校から解放されて身軽な気持ち、「奥さん」の可憐さ、先生の自由人らしさ……。そうしたものを、桜や食卓のなにげない描写を通して雄弁に語っている。小説全体の、きわめて大事な縮図であり、先生の過去の反復になっている。そう、思った。


トーマス・マンの『魔の山』は、名前だけよく知られて読み通すのがなかなか困難な古典だ。長くて退屈でよく分からないあらすじなのだが、最後、こっくりさん遊びから決闘騒ぎになだれ込むあたりから、がぜん、ストーリーが緊迫してくる。いよいよ第一次大戦が勃発、安穏な療養生活を送っていた主人公の青年ハンス・カストルプも、軍隊にとられ、やがて死すべき戦場を彷徨する。さまよいながら、なにか歌っている！　療養所でよく聴いていた、シューベルト「リンデンバウム（菩提樹）」ではないか。

有名な場面だ。

すると突然、話者（作者）が出てくるのだ。

ああ、私たちは安穏《あんのん》な影の境涯が恥ずかしい！　退散しよう！　私たちは物語るのをやめよう！　私たちの知人ハンス・カストルプはやられただろうか？

トーマス・マン『魔の山』

それまで一度も出てこなかった作者が、どたんば、急に姿を現す。若者たちの命と祖国の運命を慨嘆し、安全地帯にいる自らを恥じて退場する。そのさまが衝撃的で、何度も繰り返し読んだ。いちぶ読み。

物語るのが、わたしは恥ずかしい。

その意味が、新聞記者になって三十年以上たち、ようやくこのごろ分かるようになった。記者とは基本的に、人の話を書く人だ。人の考えを伝える人だ。人の生活を報告する人だ。人、人、人……。もちろん世の中に必要な職種だと、わたしも思う。だが、〈このわたし〉は、もういやになった。つくづく嫌気がさしたのだ。

自分を書け。自分の生活を書け。書くに値する生活をしろ。汗で書け。

大部の本。難しい古典。その、**ごく一部だけでもいい。繰り返して読む。暗記するほど**

に読む。それだけで立派な読書になる。いや、これこそが読書の楽しみだともいえる。

（3）急所読み――難しい本も、これなら気楽

新聞の書評は、全国紙のすべてを読むのがいい。書評の使い方は第2章に詳述した。書評が紹介している**その本の急所、引用している文章を、探し出す。周辺数ページを読む。自分にとってほんとうに必要かどうか、検証する**。つぶしていく。サーチ&デストロイ。

学者や研究者は大量の本を読んでいるのだが（まともな人文系の研究者で、蔵書が一万冊をくだることはないだろう）、しかしそのほとんどは、このサーチ読み、急所読みだ。急所だけ拾うと意を決すれば、気後れする大部の本、学術書でも、気楽に手に取ることができる。というより、急所読みの核心は、大部の本、専門書、学術書に慣れるという意味合いが大きい。

（4）ながら読み――わたしなりの「ながら」を見つけ出す

寝ながら本を読むのが好きだ。じじむさい話だが、**仰向けに寝て、腰にマッサージ器をあてて読む**。長年のライター仕事で腰を痛めているからだが、愛用のマッサージ器が、笑ってしまうが、なぜか十五分で自動的に切れる設定になっていた。タイマー代わりにちょうどいい。一時間書き物をしたあと、本を抱えて横になり、十五分マッサージしてもらいながら、なんでも読む。難しい本だろうが古典だろうが、遠慮会釈がいるものか。

外国語の本もいける。スペイン語の本は、辞書を枕元において、分からない単語はすぐに引く。こういうときに電子辞書は便利だ。寝ながら引くために発明されたのではないかとさえ思う。単語と日本語訳を、背表紙の固いノートに書き写す。軽い筆圧で書ける日本のすばらしい文房具は、仰向けでもきれいに書ける。

唯一難しいのは数学本。これは、数式や図を自分の手でノートに書く。手を使って、肉体で理解するという要素が大きい。寝ながら読めないのは、数学の教科書だけ。

起きているとき、わたしはいつでも**音楽を流して**いる。本を読むときにも音楽は鳴っている。日本語の歌は歌詞が耳に入ってしまうので、ジャズやエレクトロ、テクノやダブステップ、アンビエントなんかが最適だ。ロックやソウル、ヒップホップでも洋楽ならば、いい。

食事をするとき必ず食卓に本を携えるようになって、もう三十年になる。いまでは本を持たずにテーブルに着くと、なんだか落ち着かない。だいじな忘れ物をした気分になる。ホテル滞在中なら、朝食会場からわざわざ部屋に本を取りに戻る。

お行儀は悪いし万人にすすめないが、「ながら読み」は、試みてもいいと思う。

要は、本と著者を、あまりに尊敬しすぎないこと。だから長くつきあえる。少し愛して、長く愛す。

（5）すきま読み――十五分を発見する

マッサージしながら、食事をしながら、音楽を聴きながら、読む。「ながら」に慣れてくれば、こんどは十五分の「すきま」を発見できるようになってくる。通勤。育児。仕事の休憩。人によって「すきま」は違う。その「すきま」が、向こうから寄ってくる。わたしの場合、書いたように食事どきは必ず読むようにしている。これで、どんなに忙しくても、一日一時間強は読書時間を確保できる。

すきま時間読みのなかでも、わたしのいちばんのおすすめは、**「風呂読み」**だ。

少しぬるめの湯を浴槽にためておいて、なるべく軽い本、できれば文庫を読む。ずっと持っているのはつらいので、浴槽のふたを買ってくる。ふたを机がわりにして、文庫と黄色のダーマトグラフとキッチンタイマーと汗拭き用の乾いたタオルを置き、十五分、湯につかって読む。

「本が濡れないか」と驚かれる。しかし、どんな本でも傍線を引きまくって徹底的に汚すのだ。多少の水濡れなど気にするものか。

「多少」どころか、わたしは、文庫を湯船の中に何度も落としている。ぬるま湯につかって気持ちいいし、よく、寝落ちする。湯の中に大事な本を落としてしまう。

それでいい。**寝落ちしたって、数ページは読んだ**のだ。そして、日本の書籍はほんとうによくできていて、あんなに薄くて軽い文庫本だが、水の中に落としても、一日乾かせばたいてい元に戻る。前後がくっついたページも、乾けばはがれる。

たとえばヘンリー・ミラー『セクサス』は二回くらい湯に落としている。乾かして膨み、いびつになった本は、わたしの勲章でもある。

寝ながら本を読んでいる。

(6) あわい読み――寝起きにスマホを見るよりは

「ながら」でも「すきま」でもないが、自分に〝スイッチ〟を入れた直後の、起動する前の、意識と無意識のはざま、夜と朝のあいだに、本を読む。これは絶対の自信をもっておすすめする方法だ。人生が変わる。変わった。

寝起きにふとんの中でスマホをいじるのは、一日の始め方としては最悪の選択だ。どれだけ長く画面に滞在させるか。スマホはそれを、パソコンやテレビ、だいぶ落ちたが新聞や雑誌と競い合っている。人間はみな、一日に二十四時間ずつ死んでいる。その、もっとも貴重な限りある資源を、企業が奪い合っている。換金しようとしている。

一分一秒でも多くスマホ画面で時間を費やしてほしいから、依存症になるように中毒性のあるコンテンツ・機能を開発して織り込んでくる。「いいね」も炎上もコメント欄も、ゲームも、ポルノも、みんなそうだ。

同じ中毒になるなら活字中毒になりたいと、わたしは思う。目が悪くなる以外は健康によく、カネがかからない。そのくせ現実から逃避する力は、人間が発明した利器のなかでも史上最強だ。なにしろ、人類が生んだ最大の幻影＝言語で埋め尽くされているのが書物だ。

今日も自分は生きている。世界は壊れていない。

そんな驚きと喜びで、一日を始めたい。夜のうちに枕元に本を置いておき、**目が覚めたら、寝ぼけまなこでページを繰る**。

たとえばわたしは二〇〇八年ごろ、朝の十五分だけ、ヘーゲル『精神現象学』を読んでいた。巻末の記録を見ると、読み終わるのに三年かかっている。

寝ぼけたまま難しい本を読んで、頭に入るのかとよく聞かれる。

入らない。それでけっこうである。ヘーゲルなんてあまりに難しく、たとえ寝ぼけていなくても、結局、何が書いてあるかよく分からない。であるならば、十五分、呪文のような文章を、ふとんの中で、ゆっくりと読む。

だんだん、意識がたちあがってくる。

分からなくてもいい。頭に入ってこなくていい。眠くなったら二度寝しろ。とにかく、用意していた課題図書を、十五分だけ読む。

たったの一、二ページしか読めなかった。それでいい。しかし次の日も必ず読む。自分を世界につなぎとめる。書物で世界につながる。忙しい朝の、無駄だと思っていた十五分が、やがて一日を始めるにあたって欠かすことのできない儀式になっていく。

落ち着く。

自信が出る。

自分で自分を、小さく承認できる。

今日も生きていて、いいんだ。

そのころは、雑誌編集部でデスク（記事のまとめ役）をしていた。デスクの中でも、毎週、飛び抜けて多くのページ数を押しつけられ、ノイローゼになりそうだった。出入りのフリーライターにへんな言いがかりをつけられたり、その尻馬に乗る社員記者がいたり、自分の書き物も出版がうまくまとまらなかったりで、珍しく参っている年だった。一週間ほど会社をずるけて、とんずらした、なんてこともあった。

会社にいたくないものだから、校了時間が近づくと、いそいそとＴシャツ短パンに着替えていた。そのころ、自宅から勤め先まで自転車で通っていた。「それ、部員の士気を低めるからよくないよ」なんて、小うるさい同僚デスクから注意されたなそういえば。

そんなときでも、朝はヘーゲルを読んでいた。

ある日は朝しか本を読めなかった。しかもさっぱり分からない。それでいい。**一日最低でも十五分は読んでいる**。そういう人間は、明日も生きていていいだろう。

忙しくても、落ち込んでいても、できる。できた。どんなに多忙な人だって、起き抜けからいきなり仕事などしていない。どんなに落ち込んでいる人も、起きてすぐに悲嘆なんかしていない。ぼんやりしている。

そして、これさえできない日は……。それは朝、目覚めなかったときだ。「お呼び」がきたときだ。その日が来たら、仕方ないではないか。

深く、安らかに眠れ。R.I.P.

（7）番外編　張り込み読み――本読みのディグニティ

これで終わってもいいのだが、調子に乗ってもうひとつだけ。

わたしは長いこと新聞記者としても働いてきた。とくに駆け出し記者の仕事は、「待つこと」だ。刑事課長が刑事部屋を出てくるのを待つ。贈賄事件の容疑者が自宅に帰るのを待つ。造船所の火事で、現場検証の立ち会いから遺族が出てくるのを待つ。待ちたくて待っているわけではない。時には雨や雪が降っている場所で、立ちっぱなしで数時間も過ごす。思い出しても胃が痛くなる。

政治記者が長かった元朝日新聞の三浦俊章さんは、アメリカ政治に関する著書がいくつもある知識人だが、彼には多くを教わった。いちばん印象に残っているのは「赤絨毯の上で古典を読む」という話だった。

政治記者の新人が最初にすることはやはり、張り込みだ。国会の赤絨毯の上で、総理番ならば首相にくっついて歩き、どこかの部屋に入ったら出てくるまではひたすら待つ。金魚のフンみたいで見栄えのいいものではないし、いまではネット民から意味もなくたたかれる。政治家からもあまり尊敬されないだろう。軽侮の目で見られる。

三浦さんも国会の赤絨毯で、政治家が出てくるのを待つのが日々の仕事だった。そのとき、スマホをいじったり新聞や雑誌を読んだりはしなかった（スマホはなかったろうが）。赤絨毯の上に立ち尽くし、J・S・ミルやジョン・ロックら政治学の古典を読んでいたと、わたしに語ったことがある。このアドバイスは、染みた。

わたしは九年前、東京から長崎・諫早に飛んだ。肌寒い四月、小雨のなか、地方都市のけちな汚職事件があって、贈賄側の建築事務所で立ち尽くす仕事を言いつけられた。警察が踏み込むのを待っているわけだが、五十歳を過ぎてそんな仕事をするとは思ってもいなかった。

仮に警察が踏み込んだとしても、外から写真を撮っておしまいだ。それが新聞にでかでか載ることもない。他社の記者もいるから、保険をかけてそこにいるというだけの仕事。ブルシット・ジョブ。

このときわたしは、たしかチェーホフの英語訳を持っていて、傘を片手に読んでいた。寸暇を惜しんで勉強する、というのとは少し違う。さきの三浦さんの言葉にわたしが嗅ぎ取ったのは、むしろ反骨、プライド、鼻っ柱の強さだ。

自分はたしかに、国会の赤絨毯で政治家が出てくるのを待っている三下奴かもしれない。ブルシット・ジョブで、雨に打たれている中年男かもしれない。しかし、ふんぞり返って出てくる政治家にあからさまに見下され、警察に邪魔にされ、ネット民に「マスゴミ」と蔑視されるような人間であることを、自分は自分に許さない。自分は本に没頭している。本の世界に入り込んでいる。人間存在を、世界を、宇宙のことを考えている。

世の中に邪魔にされ、うちひしがれ、消え入りそうになったとき。本を広げる。べつに読んでいない。ふりしてるだけ。でも、ちょっと、プライドを取り戻す。だから「かんたん」読書。
だれも、わたしの頭の中に手を突っ込むことはできない。

Nothing's gonna change my world

The Beatles 'Across the Universe'

B面
挑むべき修業
――難しい本を読むための訓戒・六カ条

世の中には分かりやすい本と難しい本がある。

そう思うことが、つまずきの始まりのようにわたしは思う。世の中に分かりやすい本などない。**分かりやすく読んでいるだけ**だ。自分の理解の範囲で読んでいる。

文章は、基本的に分からないものだ。分からない本を読まないで、むしろどうする。自分の知らないことを、知る。自分になかった視点を得ようとする。だから、本は難しくてあたりまえ。

それはそうなのだが、世の中にはとてつもなく難しい本もある。

たとえばカント『純粋理性批判』に、なんの前知識もなくあたるというのは、あまりに無謀で、実りが多いとも思えない。

難読本に惨敗しないために知っておきたいテクニック

ただ、とてつもなく難しい本を、難しいという理由だけで避けて通るのは、惜しい。それほど魅力がある。ここでは難読本を攻略、とまではいかなくとも、いちおう意地でも読み通すためのわたしなりのテクニックを書いてみる。

（1）目標をはっきりさせる——アタックできる山頂

いちばん大事なのは**ゴールの設定**である。ページを開いて、なにひとつ、さっぱり分からないような難しい本を、どう読むか。なにを目標とするか。

ナラティブできればいい。

わたしは、そう思っている。

カントの『純粋理性批判』を、ヘーゲルの『精神現象学』を読み終える。途方もないことだと思う。しかし、そこまでだ。学者ではないのだ。正統的な「読み」ができているはずがない。そんなものは最初から目指さない。

ただ、読み終えて、少なくとも内容を彼氏、彼女、パートナー、友人におしゃべりできる。自分がどういう感想をもったかを語れる。そして相手が多少は興味をもってくれる。

これができれば、もう成功だ。

昔、雑誌でデスクをしているとき、こうしたむちゃをさせられるはめに陥った。純粋理性批判、資本論、源氏物語……。それぞれを二、三分で要約し、説明するプレゼンテーションなのだが、じっさいにしてみると、これはとても勉強になった。わずか一節でいい、肝だと感じた箇所をとりあげて、自分の読みを提示し、魅力を語り、「読んでもいいかな」と思わせ、質問がきたら可能な範囲で答える。

親しい人にナラティブできる。おもしろいかも、と思わせる。難読本を読むゴールはそこでいい。

(2) 読む順番を間違えない——ルートを事前に頭に入れる

読む順番を間違えない。社会科学系の本は、古い方から読む。結局、それが近道だ。人は、新しい思想に飛びつきがちだ。流行に飛びつかない。

ところが、文学となると話は逆になる。新しい方から読んでいくのが筋がいいと思う。時代をさかのぼり、時系列の逆順に片付けていく。

第6章に詳述した。

(3) 参考書の影響を恐れない——旅に携行するガイドブック

古典と呼ばれる社会科学系の本も、あるいは小説でさえも、解説書を読むことを恥じない。

わたし自身は、小説の解説本を先に読んだことはないのだが、若いライターに話を聞くと、海外文学を読み慣れていなければ、たとえばドストエフスキー『罪と罰』のような、あらすじがはっきりしていて、長さもそれほどでない小説さえ、なかなか読み通すのが難しいそうである。

いまは「１００分de名著」だとか、「マンガで読む〇〇」といった解説本が出ていてなかなか便利である。**解説本や漫画で準備運動をすることは、恥ずかしいことではない**。ただし、参考書を読んで満足してはならず、その後、必ず本編を読む。

以上は小説の場合。一方、社会科学系の大古典を読むとき、わたし自身は参考書なしに読み進めることの方がむしろ少ない。

カント『純粋理性批判』やヘーゲル『精神現象学』、マルクス『資本論』にウィトゲンシュタイン『哲学探究』といった、思想史にそびえる高峰を登ろうとするとき、ガイドもなく踏み出すことは、遭難、あるいは途中で棄権する蓋然性が高くなる。これらの本では、いずれも**十冊以上の参考書を**、**元の古典と同時並行**して読み進めていた。

よく、参考書の弊害をいわれる。参考書ではなく、古典にじかあたりするべきだ。それはその通りなのだが、しかし、百ページ読んで、まるきり、一行も分からないというのでは、どんな人でも気持ちは折れるだろう。理解できないまでも、少なくともなにを問題に論じているのかは、うっすら分かる。そうであれば、素人の読者でも、なんとかかじりついていける。

参考書はそのためのガイド役だ。エベレストのような高峰を、道案内してくれる。景色のいいところ、有名どころのスポットで立ち止まり、見どころを解説してくれる。難所のコースは、「まあそこは無理しなくてもいいでしょう」と、飛ばす。

解説書を何十冊読んだからといって、古典そのものが「分かった」とならないのは、たしかにそのとおりだ。しかし、そもそも「分かる」とはなにを指してそう言うのか。はなはだ怪しいことは、すでに書いたとおり。

百ページ読んでひとつも分からないよりは、ある解説者が感動したであろう見どころスポットを語ってもらい、そのナラティブを楽しむほうが健康的だ。自分も、その目線で見る。読む。

わたしのように参考書を十冊も並行して読むと、解説者Aから解説者Jまで、それぞれが推す「見どころ」は異なっているものだ。また、同じ見どころを解説しても、そのナラティブは異なっている。高峰のいろんな側面を教わることになる。

それに、参考書を頼りに読んでも、大古典というのはさっぱり分からないものだ。大きな謎のまま、わたしの前に横たわっている。しかし、「いちおうは読み終えた」という満足感とともに、前よりも魅力的な姿となって視界に入ってくる。何年後かに再び登ってみたくなる。

参考書が問題にさえしていなかった見どころや、自分の発見した穴場の風景が、どうしたって目に入ってきてしまう。記憶に残る。だからこそ、何百年も読み継がれてきた。

（4）メモを作る——迷子にならないための記録

自作「ノート」では気持ちが萎える人が多いだろう。メモでいい。大きめの紙、たとえば**A4用紙を数枚用意**し、そこに手作りメモを書きこんでいく。

何を書きとめるのかというと、その**著作の鍵となる概念について、書かれている本文を短く書き抜く**。

たとえば、ハイデガー『存在と時間』でいえば、いちばん最初の方に出てくる概念に、「現存在（Dasein）」というのがある。

その概念が出てくる箇所を、索引を作るつもりでチェックしていく。現存在とはなにか。ハイデガーは、いろいろパラフレーズしながら、繰り返し説明している。その箇所を、抜いていく。そうしたメモがたまると、「現存在」とは、「世界内存在」とはなにか、うっすらとつかめてくるものだ。

そうすると、こんどは自分の言葉で、「現存在」や「世界内存在」とはなにか、ハイデガーをまったく知らない人に説明できるくらいにはなっている。ナラティブできる。

構造主義の思想家はどれも難しいが、なかでもラカンの難解さは際立っている。ラカンを日本語で読んで分かるわけがない（フランス語で読まなければ意味がない）とうそぶく学者もいた。そうなのかもしれない。しかし、だからといってあきらめない。ラカンの思想の一部なりとも、たったひとつのキー概念だけでもいい、自分のものにしたい。

「対象ａ（オブヘ・プティ・ター）」という有名な概念がある。これを、スラボイ・ジジェクは、ダシール・ハメットの名作ミステリー『マルタの鷹』にあるエピソードでたくみに解説していた。

ある男性が通りを歩いていると、自分の脇に建築資材の鉄骨が落下してくる大事故があった。ほんの数センチずれていれば、自分は死んでいた。九死に一生を得た男は、ふと思い立つ。自分はこの事故で死んでいてもおかしくなかった。いや死んだも同然だ。だったら、いままでの自分の平凡な人生を捨て、新しい生活を始めよう。幸せな家庭、妻も子供も、堅実な仕事も捨て、見知らぬ街へ出奔する。後年、男は新しい街で、新しい妻を迎え、新しく家庭を持つ。まったく新しい人生を歩み始めた。

そんなある日のこと。男は昔の知り合いに偶然出会う。その知り合いは、新しい妻を、とくと観察する。

新しい妻は、かつて男が捨てた昔の妻と、そっくりだったという。

「対象ａ」とはこれである。二人の妻のことである。ジジェクは、そう言う。ここでラカンの思想を語るつもりはない。そうではなく、つまり、わたしたちもこれができればいいではないか、ということだ。

新東宝の古い映画に「銀二郎の片腕」という作品がある。母親を失い、牧場主に引き取られた女の子が、寒く貧しい物置小屋で、ぼろぼろになった人形を抱いている。自分が人形の母親になって、「おお、よし。お母さんがいるからね」、その人形（＝捨てられた子供）を、少女（＝お母さん）が、あやす。

女の子にとって、この人形が「対象ａ」である。

わたしなら、そう言うところだ。

ポイントは、難しい本の全部を分かろうとしないこと。剣道で言えば、面や胴はとれなかった。しかし、籠手には十分、撃ち込んだ。その実感が得られれば十分だ。

（5）音読する――ゆっくり歩く

音読すると、本を読むスピードは遅くなる。だからあえて音読。ゆっくり読む。

わたしの経験では、社会科学系の難読本を音読しても、効果は薄い。一方で**文学の古典は、音読すると理解が格段と進む。**

平家物語や源氏物語を黙読しても、あまり意味はない。平家物語などは音読を目的として書かれたものだ。源氏物語も、音読してようやく、品詞と品詞の切れ目が分かるところがある。

同じ理屈で、詩集も、少し難しいと思うものは、音読する。ゆっくり、隠喩、換喩を考えながら、あるいは、音の響きを楽しみながら読む。

（6）文字づらだけ追う――知らない世界の断片をつかむ

書いてある文章の、表面だけなぞる。理解などしなくていい。相手が古典であれば、文字づらをなぞる読書もありだ。

わたしだけではない。昔の人もそう考えていた。読書百遍、意自ずから通ず。江戸時代までは、**素読**という習慣があった。論語など四書五経を、**意味が分からずとも音読**させる。暗唱させる。開花しないかも知れない。しかし、つぼみは膨らむ。

ウィトゲンシュタインは、とても魅力的な哲学者だ。なにしろ文章がうまい。引き込まれる文章を書く。文字づらだけ読んで、理解できたと錯覚してしまうところがある。

語り得ぬものについては、人は沈黙しなければならない。

たいへん有名な一節で、ここだけを覚えている人は多い。そして、「悲しみや痛みなど、他人にはわからない自分だけの感情があって、それについては言葉にならない。言葉にしなくてもいい」といったように理解している人が大半だ。

これは、わたしの考えでは、まったくの誤解だと思う。ウィトゲンシュタインの意図したことと、おそらく方向性は一八〇度違う。

だから文字づらだけを追う読書は有害なのだと、批判される。また、その批判は要点をついている、それでも、である。

「語り得ぬものについては、人は沈黙しなければならない」

この文章の美しさに引かれてしまう。響きに、心奪われる。口まねしたくなる。その気持ち、感受性は、やはり尊いものではないかと、わたしは思うのだ。

ウィトゲンシュタインは別の場所で、さらにこういうことも書いている。

初心者は苦労して文字をたどりながら語を読む。――しかし、いくつかの語は前後関係から推測するし、あるいはその読物をたぶん部分的にはすでに暗記している。そのとき教師は、かれが実際には語を読んでいない、と言う（また、ある場合には、かれがただ読んでいるふりをしているのだ、とも。）
　このような読みかた、初心者の読みかたを考え、読むということが何によって成り立っているのかを自問すると、われわれは、それが特殊な意識された精神的活動である、と言いたくなってしまう。

ウィトゲンシュタイン「哲学探究」

ここでいう「初心者の読み方」は、わたしが書いている「文字づらだけを追う」読書と同じだろう。部分的には暗記している。しかし**「ほんとうの」意味は分かっていない**。教師は「読んだふりをしている」と考える。

外国語を勉強するときもまさにこんなふうだ。

Spring has come.
春が来た。

「Spring」スプリング。「has」ハズ。「come」カム。一語ずつ発音を教えられ、意味も〈理解〉せず、文字をたどりながら語（スプリング↓ハズ↓カム）を読む。has は助動詞の三人称単数現在形で、過去分詞である come とともに、現在完了形という時制を表す。spring は三人称でありかつ不可算名詞なので単数扱い。そんなふうに〈理解〉して、初心者は読んでいない。spring はスプリング。has はハズ。

しかし、わたくしは言いたい、われわれが承認しなくてはならないのは——印刷された語のどれか一つを発音することに関しては——それを読む〈ふりをしている〉生徒の意識の中で、それを〈読んでいる〉熟練した読者の意識の中で起っているのと同じことが起りうる、ということだと。

（同前）

①読むふり（spring はスプリング。has はハズ。スプリング・ハズ・カムで春が来た……）と、②文意を理解した読書（spring は不可算名詞で、has は時制を表す助動詞の三人称単数形で……）。①と②は違う。多くの人はそう主張する。二つの異なったメカニズムがある、という。

しかしその主張を証明する手立てはどこにもない。ウィトゲンシュタインはそう言っている。

古典の場合、極端にいえば、①でいいと思うのだ。

ただ文字づらを追っているだけ。「読んだふり」をしているだけ。それだけだった文章も、いつか、文意を引き寄せる。膨らんだつぼみが、開花することはある。

難しい本を読むとはどういうことか——御し、律する

さて最後に、そこまでして、なぜ難しい本を読むのか。

明治時代にこういう小説があった。

家庭生活に飽き足らぬ思いを抱いている中年の作家・竹中時雄は、自宅に書生として預かった女学生・芳子に恋情を抱く。時雄は三十代半ばで、妻と、子が三人ある。いまひとつぱっとしない小説家で、校正のアルバイトで食いつないでいる。芳子十九歳。時雄の小説の崇拝者で、田舎の、少しハイカラな女性だ。

時雄の恋着はむろん成就せず、芳子はいずれ、親に連れられ、結婚するためふるさとに帰る。時雄は駅に、親子二人を送る。

発車の時間は刻々に迫った。時雄は二人のこの旅を思い、芳子の将来のことを思った。その身と芳子とは尽きざる縁《えにし》があるように思われる。妻がなければ、無論自分は芳子を貰ったに相違ない。芳子もまた喜んで自分の妻になったであろう。

田山花袋『蒲団』

中年男が若い女性の弟子に恋慕したその末は、家へ帰り、女が使っていた蒲団に顔をうずめて泣くことだった。

……気持ち悪すぎ。

あまり読まれていないわりに、最後の場面だけはよく知られた小説で、自然主義の悪しき代表みたいにされている。しかしわたしはこの作品が好きで、ペーソスというより、田山花袋の笑いが感じられる。言葉にすることで、客観視している。失恋を、止揚している。

「その身と芳子とは尽きざる縁があるように思われる」

ないよ。そんなもの、あるわけない。「尽きざる縁」なんて妄想することが、ストーカーの始まりだ。そもそも縁、機縁とは仏教用語で、こんなときに使うようにできた概念ではない。

ストーカーになりそうなほど、ある人に恋着する。そうした欲望を制御できず苦しんでいる人、場合によっては犯罪にまで手を染めてしまう人は少なからずいる。

なぜたまたま会っていくらか付き合った女性（なり男性）に、恋着してしまうのか。結局は赤の他人だし、いずれ老いて、死ぬ。可能な相手はほかにいくらでもいる。なぜ特定個人に、運命の赤い糸など感じてしまうのか。「欲望」してしまうのか。

人間以外の生物はどうか。

猟師であるわたしは知っている。鴨や鹿、猪などにも、食や睡眠、繁殖（セックス）といった、生物学的な、直接的な「欲求」は、もちろんある。しかし「欲求」以上の、生存に直接関係ない、ある特定の個体への「欲望」に命をかけてしまう生物など、ない。

なぜ人間だけが、欲望に生をコントロールされてしまうのか。

「言語」のせいである。

現在の人類は、言葉を発明することで〈人間〉になれた。ネアンデルタール人らとの生存競争に勝ち抜き、地球を支配する生物種になった。しかしそれは同時に、**言葉に逆支配されることをも意味した。**人間がつくりだした象徴＝シンボル体系に過ぎない言語に、人間じたいが支配される。妄執に「尽きざる縁」なんて言葉を与えるものだから、「欲望」が暴走を始める。

そういう事態を、ラカンはフロイトを援用するかたちで説明した。

百冊読書家は、蒲団に顔を埋めて泣いたりしない。たとえばそんなとき、フロイトやラカンの難解な本を読む。

自意識、無意識、対象a、大文字のAなどの概念装置で、自分の「欲望」を説明される。自分が苦しんでいる妄執・衝動のシステムが解説される。解説されたからといって傷が癒えるわけではない。ないが、難読本に必死に食らいついて苦労したぶん、少し、納得する。思い当たる節はある。自分を客観視できる。メタ意識をもてる。

つまり、ここでも言葉が自分をだましている。

いや、だます、というのは適当ではない。言葉で自分を馴致《じゅんち》している。言葉によってコントロールする。言葉という幻影によって苦しんでいた自分の欲望を、やはり言葉によって飼いならす。自由にしてやる。言葉によって苦しめられた欲望から自由になるには、言葉によるしかない。

毒を制するには、毒をもって。

第9章

読むことは愛されること／読むことは愛するということ

A面

読むことは愛されること

――もてる読書術

年の近い男三兄弟で、両親は共働きだったから、幼児のときは保育園に、小学校では放課後も児童館へ預けられていた。わたしは共同生活が極端に苦手なので、苦しい思い出しかない。学校のあとまで児童館へ行けとは、地獄だった。

いま思えば、そのせいで本を読む習慣を身につけたのかもしれない。共同生活の場で、みなと遊ばないでいる、**ひとりでいる。そのために、本を手にする**。唯一許されるひとり遊びは、本を読むことだった。なにか本を読む、読んだふりをしていれば、大人は安心する。そのことに味をしめたのだろう。

保育園の年長組から、自由時間は本ばかり読んでいた。わりあい識字は早かったので、絵本ではなく、世界の童話集を読んでいた。本の数は限られているから、同じものを繰り返し読む。いまもその癖が抜けない。

年長組の保育士は、佐藤順子さんといった。わたしにしては珍しく、いまでもはっきり顔と名前を覚えている。若く、色白で、すいこまれそうな大きく黒い瞳だった。

自分は、昔から愛嬌のない、子供らしくない子供であった。祖父に心配されるほど発話するのが遅かった。ほとんど口をきかない。子供らしくはしゃがない。あどけなさがない。大人たちにかわいがられなかった。そのころの写真を見ても、あまり笑っていない。カメラの方さえ見ていない。

しかし「順子先生」だけは、なぜか親切にしてくれた。自宅に呼ばれ、泊めてもらったことも何度かある。

園児の誕生日には、担当の保育士がカードをくれる決まりになっていた。六歳の誕生生カードが残っている。相変わらずカメラを見ず、髪の毛が寝癖で逆立った自分が写っている。写真に「順子先生」のメッセージが寄せられていた。

「こうちゃんは、いつも本をよんでいましたね。小がっこうにあがっても、たくさん本をよむのかな」

三月、卒園式が終わり、保育園前の狭い歩道を、母親に連れられ歩いていた。園の門柱を抜けると、「順子先生」がわたしの名前を呼びながら、大股で走ってきた。

「これ！　忘れたわよ！」

飽きもせずわたしが繰り返し読んでいた童話集を手渡された。卒園のプレゼント、だったのだろう。

本を読むと、もてる。

そう強弁するつもりは、いくら牽強付会なわたしにも、さすがにない。ただ、「**本を読む」とは、ちょっと変わった行為、人と違うふるまい**だということは、覚えておいてほしい。

いま、東京で電車に乗っている人に、本を読んでいる人はまずいない。ほぼ全員が、スマートフォンの画面をのぞき込んでいる。

もはや信じられないが、わたしが学生のころ、つまり四十年ほど前になるが、男性のほとんどは電車で漫画雑誌を読んでいた。いま、漫画雑誌を読んでいる人を見ると、なんだかほっとする、安心する。大きな本をかかえて夢中に読んでいる小学生をたまに見かけると、図書カードをあげたくなる。それぐらい、本を読むという行為は、特異なことになった。マイナーな行動になった。

村上春樹の男たちは、なぜ、もてるのか

村上春樹の初期作品では、どう見てもあまり魅力的とは思えない受け身の主人公が、いつでも首尾よく恋人を得る。恋人以外の女性も、彼に寄ってくる。

取材先のある文芸評論家が「女の子とねんごろになったあとでなく、その前のこと、どうやって仲良くなるのか、その過程を書いてほしいよ」と冗談半分で話していたのを覚えている。その評論家には「童貞論」の論考があった。

リアルの、実世界のことは、わたしも知らない。しかし、村上「作品」中の主人公がもてる理由ははっきりしている。

本を読んでいるからだ。

主人公はいつでも、よく本を読む。大ベストセラーになった『ノルウェイの森』の主人公・大学生のワタナベトオルも、いつも、どこでも、本を読んでいる。

こんなシーンがあった。恋人が精神を病んで山奥の療養所に引っ込む。半ばやけになり、都会で乱倫な生活を続けるワタナベは、ある日の夜遊び帰り、明け方の喫茶店で始発電車を待っていた。そこで、見知らぬ女性客二人に声をかけられる。そして結局、寝る。

なぜ女性はワタナベに声をかけたか。喫茶店で、トーマス・マン『魔の山』を読んでいたから、というのがわたしの考えだ。あまり魅力的とは思えない主人公が、本だけはよく

読む。深夜の酔客をため込んでおくような、酒と煙草の臭いに体臭の入りまじった喫茶店で、大部な書物を読んでいる。そういう客はいない。それは目立ったことだろう。

そういえばごく最近の村上の短編「一人称単数」では、村上本人とおぼしき登場人物の作家が、東京・青山のバーで本を読んでいる。女性客から「そういうのがしゃれている、都会的だと思っているの？」とこてんぱんにやっつけられる場面があって、笑った。時は、流れた。

本読みの世界は閉じていない

わたし自身も、喫茶店やバーはもちろん、定食屋でも居酒屋でも、病院、散髪屋、コインランドリー、ひとりでいる場所では、いつでも、どこでも、本を開いている。

九州は毎夏、どこかが必ず、豪雨と洪水被害にあう。わたしも新聞記者であるから、いちおう、取材はするのだ。ある夏、洪水被害にあった自治体の役場でずっと待機している役を仰せつかった。記者も、わたしくらいロートルになると現場に出されない。社会面をはなばなしく飾る記事は、若手や中堅、目下売り出し中の記者たちが書く。

それはいいのだが、数日間は、午前六時から翌午前二時まで、ずっと市役所で待機する。緊急発表の警戒役をさせられるわけだ。

そのとき、わたしは本を十冊ほど、持っていった。会見室の机に積み重ね、会見がないときはひたすら読んでいた。第6章に書いた四種の課題読書である海外文学、日本文学、社会科学、詩集もあれば、英語の原書で読みかけだったキース・リチャーズの自伝もある。いちおう自然災害を取材しているので、いいわけのようにナオミ・クライン『ショック・ドクトリン』があったりもする。それらを、十五分ごとに次々読んでいる。

これがいけなかった。悪目立ちした。他社の記者は遠巻きにしてだれも話しかけない。そりゃそうだろう。手があいている者はテレビニュースを見たり新聞を読んだり。スマホをいじり、原稿があるのかないのか知らないが、パソコンを操っている。わたしだけ、積み上げた本を次々に読んでいる。「何者だ、こいつは」である。

それで「もてた」のかと言われれば、もちろん、ノーである。ただ、豪雨報道も収まり、紙面が日常を取り戻したら、他社の若者が、わたしの家に出入りし始めた。NHKの記者や地元民放のカメラマン、地方紙、ブロック紙の若手記者たちである。毎日のように数人が入り浸り、酒を飲み、めしを食い、わたしをかこんでいろんな話をねだるようになった。

私塾の始まりだった。

最初は地元民放カメラマンが、一心に読んでいるわたしの姿に驚き、さりとて話しかけるのもおそろしい、会見を撮影するふりして、手元の本をズームアップしてのぞき込んだそうだ。そのときは、デリダ『グラマトロジーについて』を読んでいたようだ。

そんなことから若い記者の間でうわさが広まり、最初はこわごわ一人が声をかけてきて、めしを食いにいった。一人また一人と近づいてきて、最後は常時五人ほどがわが家でとぐろを巻くようになっていた。べつに群れているのではない。他社の人間だ。群れる理由がない。そうではなく、いつでも文章の話か、勉強、つまり読書の話をしていた。何を読むのか。なぜ読むのか。わたしが「何者」なのか。なぜ、いい大人にもなって、小難しい本など読んでいるのか。

本読みは、人を安心させる。

本を読む人間は、あたりまえだが、識字能力がある。ましてや大部の本を読むような人間には、**忍耐力**があるはずだ。**集中力**がある。**想像力**があって、**共感する力**もある。

べつにわたしはネットを否定しているわけではない。たしかに便利だし、わたしも仕事で毎日使っている。ありがとうございます。ただ、想像してみてほしい。寸暇を惜しんで、ところかまわず、会見場でも、電車待ちのホームでも、地下鉄の座席でも、どうかすると彼氏／彼女と会っていてさえも、いつでもスマホ画面をのぞき込んで、ネットニュースなのかツイッターやインスタグラムなのか、なにかを読んでいる人は、人を安心させるだろうか。忍耐力がある、集中力がある、想像力があって他者に共感する力のある人だと、そう思って心を許すだろうか。

本を読むとは忍耐力のあることだと書いた。もっといえば、**本を読むとは、孤独に耐えられるということ**も意味する。世界で一人きりになっても、本の世界に遊ぶことができる。

それはつまり、人を愛せる、ということだ。

いつでも他者を必要とする人は、弱い。常に他者からの承認を求める人生は、苦しいものとなるだろう。愛されることを渇望する人は、孤独の重さに耐えられない。ひるがえって、本があればなんとか生きられる人は、必ずしも愛されることを必要としない。ただ人を愛することができるのみだ。

そして、逆説めくが、人を愛せる人が、人から愛される人だ。人から愛されるには、まず自分から愛さなければならない。

インプットはアウトプットする

ただ、少し注意しておいた方がいいことがある。どんないいことも、インプットばかりでは病気になる。

食物を体内に入れ、**栄養分をインすれば、必ずアウトが必要**だ。消化し、栄養を吸収し、そして体外に排出しなければならない。

本という栄養素も同じことだ。インプットばかりしていると病気になる。二葉亭四迷の小説『浮雲』の主人公は、非モテの元祖ともいうべき男性だ。夏目漱石の『三四郎』も、森鷗外の『青年』も、主人公は本ばかり読んでいる。書生である。だからか、世間知らずで、幼く、自己中心的でもある。美しい女性に引かれる。翻弄される。そして失恋する。恨む。

「ストーカー」という言葉は、この時代にはなかったが、これら主人公たちにも、もう一歩進むと世界からはじけ出されてしまいそうな、そんな危うさを感じる。

チェーホフに「六号室」という、この作家には珍しくホラー風味の中編がある。主人公のアンドレイ・エフィームィチ・ラーギンはたいへんな読書家の医師だ。毎日、仕事が終わると、酒とともに、おびただしい本を読むのが日課だ。

アンドレイ・エフィームィチは、家へ帰りつくなり、すぐに書斎の机に向って読書をはじめる。彼は非常な多読家で、そのうえいつも心からの満足を覚える。俸給の半ばは本の購入のために消え、六部屋からなる彼の住いのうち、三部屋までが本や古雑誌でぎっしり詰っている。（略）本のそばには、必ずウォッカの小壜があり、塩づけのきゅうりか砂糖づけのりんごが、皿に入れないでじかに掛布の上においてある。三十分ごとに、彼は本から眼を離さずにウォッカをグラスに注いで飲みほし、それからやはり顔をあげずに、手さぐりできゅうりをつまんでひと口かじる。

チェーホフ「六号室」

ここにLPレコードが加わると、わたしとほぼ同じ生活になる。百姓仕事が一段落したり、猟期が終わったりすると、わたしはこうした夜を過ごすのを無上の楽しみとして生きている。

しかし、ラーギンはやがて精神病院に収容されてしまう。作品の解釈は読者それぞれだろうが、なぜ、ラーギンは精神に変調をきたしたのか。わたしの考えでは、彼の読書が、内向きだったから。内にため込みすぎた栄養が、氾濫してしまったからだ。

どんなに栄養のある食物も、とり入れているだけでは病気になる。読書も同じだ。インプットだけでは完全ではない。アウトプットしなければならない。摂取した栄養を、消化し、養分を体内に取り込み、やがて体外に排出してこその健康だ。

サルトルの『嘔吐』も、プルーストの『失われた時を求めて』も、主人公はインプット過多の人たちだった。中島敦の初期作品群や習作もそう。世間という外部に関わることを、好まないタイプ。世間に出たがらない。多くの人の目に触れることを、怖がる。

愚劣で、汚辱に満ちた、本もろくすっぽ読めないような人間ばかりの世界。地獄とは、他者のことである（サルトル）。その通り。しかし、その他者とまじわること、環世界に適合しようとすること、「世界内存在（In-der-Welt-Sein）」であることこそ、人間の人間たるゆえんではないのか。

要は、世間から隠退してはいけないのだ。自分に言っている。

世界の終りもハードボイルドなこの世界も

人の世が住みにくいからとて、越す国はあるまい。あれば人でなしの国へ行《ゆ》くばかりだ。人でなしの国は人の世よりもなお住みにくかろう。

夏目漱石「草枕」

人でなしの国に行きたくなければ、この世にとどまらなければならない。本を読み、本の世界に取り込まれたら、本から外界に出る。世間に戻る。

わたしの場合、それが「書く」という行為にあたった。原稿を書き、新聞でも雑誌でも書籍でもネットでも、どこでもいい、発表する。そのことで、ようよう精神の平衡をたもってきた。ラーギンにならずにすんだ。

プロの書き手ではない多くの読者は、そういう場を持たないだろう。ただ、いまではツイッターやフェイスブック、インスタグラムでも短文ならば書ける。長い文章をnoteにしてあげるのでもいい。ほんのふたこと、みこと、読後の感想を綴ってみる。ただし、「おもしろかった」「感動した」ではない。なにがおもしろく、どこに感動したのか、**考え抜いて、自分だけの言葉にして書いてみる。**

文章を公にすることだけがアウトプットではない。**感想を友人に、家人に話すこと、人にすすめる**ことでもいい。本の表紙裏に、なにがよかったのか、なにが自分を感動させたのか、**数行、書き留める。**それで十分、アウトプットになっている。

文章を書くことは主題がなんであれ、むずかしいことだ。レシピの文章を書くのも、『白鯨』の文章を書くのも、同じようにむずかしい。どっちみちむずかしいのなら、『白鯨』を書くほうがいいではないか。

アニー・ディラード『本を書く』

短い感想を、本の扉に書く。自分だけの言葉を、探してみる。たとえ読者が未来の自分だけだとしても。短い感想も、どっちみち、『白鯨』と同じくらい、書くということはむずかしい。

それがほんとうに、〈自分の言葉〉であるならば。

B面

読むことは愛するということ

——不良の読書術

本を読むと、現世的な御利益がある。ふたつ。
現世利益の第一は、逃げ足が速くなること。正確に言えば、**逃げる気力がつくこと**だ。
世の中に、恵まれた人はいない。すべての人間が、抑圧の元に生きている。「まさか」と思うなかれ。その証拠に、人間は、だれでも生まれる時に、大泣きに泣いて生まれ出る。

生れ落ちるや、誰も大声挙げて泣叫ぶ、阿呆ばかりの大きな舞台に突出されたのが悲しうてな。

シェイクスピア『リア王』

苦しみばかりの人生に、俗物ばかりのくだらん世界に、無理やり生み出されるのが悲しくて、赤ん坊は泣いている。

では、そんな世界から逃げ出す方策はあるのか。あるともないとも、ここでは答えない。ただ、逃げ出すこと、沈みゆくタイタニック号の外を「想像する」ことは、少なくともできる。文学も音楽も、映画も芝居も絵画も、アートとはそのためにある。

なかんずく、読書だ。読書は、世界の外を、沈みゆくタイタニック号の外を想像するためにある。

沈みゆくタイタニック号とは、それはなにも、閉塞感強まる日本社会とか、温暖化による世界の終わりとか、そんな、大文字のことばかりを指していない。長年つきあった恋人に別れを告げられた。愛する人に先立たれた。かわいがっていた犬や猫が死んだ。そんな、**人から見れば〝小さな〟ことでも、本人にとっては生き死にの問題**だ。

暗い海の波にもまれ、小さなボートで決死の脱出行をするシリアの難民少女の苦境も、豊かで恵まれた戦後日本の、男性優位社会でぬくぬく生きてきた男の小さな失恋であってさえも、そこに軽重はない。「生きる地獄」という意味では、等価だ。

暗い地中海のボートで本は読めないが、陸にいるわたしたちは、いつでも、しかも安価に本を読める。

不良になるために読む

長崎・諫早の作家野呂邦暢は、たびたび高校時代の失恋をモチーフにした作品を書いている。高校時代の恋人に、別れを告げられた。自分は受験に失敗し、職もなく、故郷を離れることが予感される。

高校時代、好きだった少女に誘われて学校近くの森に行った。その時少女から別れを宣言され、自分は明日からどうやって生きていけばいいのかと嘆息して頭上を見上げたら、樹木の葉の間から木漏れ日がさしている。緑の葉と日光がとけあった光景を見た瞬間、私は救われた気になった。美しいものがありさえすれば、自分は独りでも生きられるという恍惚感を覚えた。その日のことを日記に書いたが、書くことで客観的、かつ冷静になり、心が澄み渡るという気分になれた。

野呂邦暢「赤鉛筆を使わずに…」昭和五十年三月講演

世界を、見る。平明な言葉に移す。

野呂の、繊細で正確な文章を、ゆっくり読んでいるうちに、わたしも救われる。**作家がそれによって生き延びた文章により、読者もまた、救われる**ことがある。

この世界には、必ず〈外〉がある。

現世利益第二は、**不良になれる**ということだ。

不良とヤンキーは違う。ヤンキーは群れる。不良は群れない。いつもひとりでいる。

不良とは、「ずれる」ということだ。人と同じことはしない。人と同じことが、かっこ悪い。そう思ってしまう心性。

たとえば、セリーヌ『夜の果てへの旅』（中公文庫）を好きになるということ。サド『悪徳の栄え』（河出文庫）を好きになってしまうということ。

セリーヌは強烈な反戦小説でデビューし、一躍、文壇の寵児になった。しかし〝反ユダヤ〟的な言辞で国外逃亡を余儀なくされ、その後は完全に黙殺された。貧困と失意のうちに死んだ。

サドはたび重なる瀆神《とくしん》的な作品がキリスト教会の逆鱗に触れ、最後は精神病院で死んだ。

SNSやツイッターで炎上しているうちは甘い。黙殺されてこそ一人前だ。本を読むとは、不良になること。本を読んでいれば、友人もいらない。恋人もいらない。

そして、「いらない」と超然としている人のところに、友は現れる。世の中、そういうふうにできている。

六日間、小説を読んで暮すつもりだ。けふから漱石の「明暗」を読みはじめてゐる。暗い、暗い小説だ。この暗さは、東京で生れて東京で育つた者にだけ、わかるのだ。どうにもならぬ地獄だ。クラスの奴らは、いまごろ、夜汽車の中で、ぐつすり眠つてゐるだらう。無邪気なものだ。
勇者は独り立つ時、最も強し。

太宰治「正義と微笑」

結局、「勉強」とは何か——愛に生きる

批評家の小林秀雄はかつて、「わたしは、勉強のため以外に本を読むことはしない」と書いた。小林のこの言は、いわば挑発だ。講演などで若い学生に話すことも多かった小林は、いつも挑発している。若い人を、鼓舞している。応援している。その挑発に、あえて乗りたい。

ところで「勉強」とはなにか。ふつう考えられている勉強は、試験のための「傾向と対策」だろう。小林は、そしてわたしも、勉強とはそんなことではないと思っている。

天行健。君子以自強不息。

天行健なり。君子、もって自ら強《つと》むることやまず。

『易経』


天体の星々が回転するのをやめないように、君子たるべきものも、自ら勉強することを休むことはない。

「強」には、弓をいっぱいに張る、という意味があったようだ。知識をため込む、試験に受かる、昇級・昇格するということとは、ほとんどなんの関係もない。勉強とは、自らを律する、鍛えるということだ。

とすれば、勉強にはふたつの特性があることになる。

その一。**勉強は、終わりがない**。

ここまですればいい、というゴールがないのが、勉強の特性だ。人間、ここまで強くなればもうOK（メンタルにおいてもフィジカルにおいても）ということが、あるはずがない。いつまでも続く。世界を、人間を、馬鹿にしてはいけない。勉強は、死ぬ日まで続く。自分をあきらめる日まで続く。

その二。**勉強は、目的が分からない**。

勉強は、勉強をしているその当座、なんのためにしているか、その目的が分からないという、やや困った特性がある。小学校のとき、九九のかけ算を習う。大きな声で、教室で暗唱させられる。これがなんの役に立つのかと問う小学生はいない。世界は、そう問わせない。そういうものなのだ、と。

生まれた赤ん坊は、母語の世界に投げ出される。泳ぎ方（文法）を教わる前に、水に放り込まれる。話すことを強要される。いきなり言語の大海に投げ出され、「泳がなければ、世界におまえの居場所はない」と宣告される。聴覚に困難を持つ人たちも、原理は同じだ。自分は日本語ではなく、英語を、中国語を選びたい。そういう「選択制」は、ない。言語という象徴の世界に生きることを、強制される。そして、その目的は知らされない。それが、人間という社会的動物の、いちばん大きな特徴だ。

かなりの恐怖だったはずだ。トラウマになっているはずだ。否応ない抑圧。フランスの精神分析学者ラカンは、これを「nom du père（父の名）」と名付けた。おそろしい父による強制。それが、言語活動だ。「non du père（父の否）」、つまり近親相姦の禁止と一対になっている概念で、とてもおもしろくスリリングな理論なのだが、それはまた別の話。

勉強とはつまり、nom du père だ。勉強しているあいだは、なんの役に立つのかさっぱり分からない。そういう特質を持つのがポイントだ。

勉強といふものは、いいものだ。代数や幾何の勉強が、学校を卒業してしまへば、もう何の役にも立たないものだと思つてゐる人もあるやうだが、大間違ひだ。(略)大事なのは、カルチベートされるといふことなんだ。カルチュアといふのは、公式や単語をたくさん暗記してゐる事でなくて、心を広く持つといふ事なんだ。つまり、愛するといふ事を知る事だ。学生時代に不勉強だつた人は、社会に出てからも、かならずむごいエゴイストだ。学問なんて、覚えると同時に忘れてしまつてもいいものなんだ。けれども、全部忘れてしまつても、その勉強の訓練の底に一つかみの砂金が残つてゐるものだ。これだ。これが貴いのだ。勉強しなければいかん。そうして、その学問を、生活に無理に直接に役立てようとあせつてはいかん。ゆつたりと、真にカルチベートされた人間になれ！

太宰治「正義と微笑」

勉強をする。カルティベートされる。耕す。でも、なんのために？　太宰が、ここではっきり書いている。

「むごいエゴイスト」にならないためだ。

人にやさしく。

〈百冊で耕す〉とは、ついに、人を愛せるようになるためだった！

そして、人を愛せる人こそ、自分を幸せにする人だ。自分を愛するのが幸せなのではない。注意せよ。ここに大きな落とし穴、錯誤がある。幸せな人を、よく観察するといい。幸せな人は、必ず、人を愛している人だ。

長々とここまで本を執筆してきて、ようやく、ほかならぬわたし自身が、いま気づいた。はっきり、つかんだ。

なぜ、本など読むのか。勉強するのか。

幸せになるためだ。幸せな人とは、本を読む人のことだ。

第10章

美しい日本語世界のわたし

母語でじゅうぶん／原書にあたってこそ

A面

母語でじゅうぶん

――日本語訳A、日本語訳B、……日本語訳X

日本は翻訳大国で、さまざまな言語の文学が翻訳、出版されている。世界中の文学を読みたいから、まずは日本語を勉強するという海外の留学生もいたほどだ。そして、多様な訳者の手により、新たに改訳されていく。研究も深まる。

たとえばシェイクスピアには、四つも個人訳全集がある。いずれ劣らぬ名訳だ。わたしは、シェイクスピアの悪口雑言を江戸っ子の啖呵に移した福田恆存訳を愛読している。文語調の美文から、現代語に近く分かりやすい訳まで選べる。これは、じつは異常なことだ。**日本語を母語としているのは、たいへんな幸運**だと言わなければならない。

ドストエフスキー『罪と罰』は、池田健太郎、中村白葉、米川正夫、江川卓、工藤精一郎、亀山郁夫らが訳している。

わたしの場合、ドストエフスキーは最初、古本の文庫で集め、途中から全集で読むことに切り替えた。だから、米川訳にいちばん親しんでいる。しかし、いまの若い人が読むと難しく感じるかも知れない。であれば、訳出年がいちばん新しいもの、この場合では亀山訳を選べばいい。

ダンテの『神曲』を、わたしは山川丙三郎、平川祐弘、寿岳文章、中山昌樹、生田長江の訳文を並行し、ケアリーによる英語訳とも比較しながら読んだ。それぞれに楽しんだ。口語に近い平川訳が新しいし分かりやすいのかといえば、じつはそうでもない。文語調の山川訳がいちばんしっくり空気をとらえている、分かりやすいときもある。

生田訳は英語からの重訳で、だから隔靴掻痒《かっかそうよう》というか、不正確なのだともいわれる。わたしはダンテ学者ではないが、じっさいに読み比べた素人の感想としては、そんな不都合をまったく感じなかった。生田訳がいちばん身にしみる詩もあった。中山訳は誤解、誤訳が多いと、研究者のあいだでは評価が高くない。しかし、わたしは総じて、中山訳にいちばん親しみをもった。ほかの〝正確な〟訳に比べて、特段劣っているとは、どうしても思えなかった。

上田敏『海潮音』や堀口大學『月下の一群』など、翻訳詩がすでにオリジナルな作品になっているものもある。

風花日将老　　風花《ふうか》、日に将《まさ》に老いんとするに

これを「しづ心なく散る花に」と訳したのが佐藤春夫『車塵集』。

花発多風雨　　花は発《ひら》けば風雨多く
人生足別離　　人生、別離足《た》る

これを「ハナニアラシノタトヘモアルゾ／『サヨナラ』ダケガ人生ダ」と訳した井伏鱒二『厄除け詩集』。これなどはもはや二次創作だ。

日本語という奇跡

古代の日本は無文字社会だった。われわれの祖先は、中国から漢字を輸入し、万葉仮名方式を、ついで漢字の草書体からひらがな、楷書体からカタカナを発明した。漢字を使いながらも、中国語に飲み込まれなかった。中国語ではどうしても言い表せない微細な感情、

「やまとごころ」があったからだ。

日本語を、涙ぐましい努力で洗練させてきた。熱かった。真剣だったのだ。**日本人は、翻訳・翻案・改良の天才**だ。誇るべきことだ。

日本に生まれた最大の利点は、日本語を使えることだとさえ思う。「グローバル人材を育てるため英語公用語化が必須」「日本語だけ読んでいるとガラパゴス化する」などと脅迫めいた言辞を振り回す、自称〝国際派〟ジャーナリストが少なからずいるが、まったく同意できない。

少子高齢化とはいえ、いまだに一億人を超す人口を抱え、ドイツより広い国土で、長く複雑な海岸線をもつため外敵の脅威にさらされず平和が続いたのが日本だ。そしてなにより、独自の言語で独自の文字を開発し、早くも平安時代、主に女性によって世界に冠たる宮廷文学を生み、以来、文学の伝統は戦乱・内戦でも途切れることなく、現代まで連綿と続いた。

わが愛する日本国のきわめて特殊な歴史である。最古の歌集である万葉集は、奈良時代末期に編纂され始めた。たしかに難しくて簡単に読めない。しかし、ゆっくり、時間をかければ、わたしたちでも読める。これは、驚くべき文学的奇跡なのだ。

日本語を読めるというのは、宝くじに当たったようなものだ。しかし、宝くじも換金しなければただの紙切れだ。本を読むのは、当たりくじを換金しにいくのと同じだ。日本語をつくってくれた、祖先に手を合わせて感謝する。

安心して、胸を張って、誇らかに、日本語の翻訳を読む。

B面

原書にあたってこそ

――英語、第三外国語、そして再び日本語

日本人は漢字を輸入し、ひらがな・カタカナを発明して、現在の日本語を開発した。裏を返せば、こうして外国語と格闘するのが日本人の宿命だ。外国の物質文明や思想を、外国の言葉を通して受容し、消化する。それが日本の歴史だった。宿命とあらばしかたがない。観念する。あきらめるしかない。

英語でも、中国語でもいい。自分の好きな言葉を選び、外国語で本を読む。百冊読書家も、最後に試みていい方法だ。

多くの読者にとって、「第一外国語」は英語になるのではないか。

ネットには「〇〇だけで英語がペラペラになる」といった薄っぺらな広告が、洪水のよ

うに流れてくる。英語が「ペラペラ」になってなにがうれしいのか。

ただ、中学・高校とこれだけ長く時間をかけて勉強した（させられた）のだから、英語で本の一冊も読んでみたい。わたしの目標はそこだった。

新聞や雑誌やネットニュースではなく、本、というところがポイントである。ある程度のボリュームのある物体を、わざわざ買ってきて、場所ふさぎにも身近に置き、読む。これができる人間とできない人間は、人生が大きく変わる。

ことわっておくが、わたしは英語が〝できる〟人間などではない。ペラペラからもっとも遠い。留学経験もない。新聞社の特派員としてニューヨークに三年ほど住んでいたが、笑ってしまうぐらいに英語はできなかった。

ただ、現在では、英語やスペイン語で本を読んでいる。ドイツ語とフランス語も、わずかだが使う。本を、ゆっくり読んでいる。

どうして読めるようになったか。

ひとつコツがある。いや、ひとつしかない。

やめないこと。

英語で読む——今からでも始められる楽しみ

最近はめっきり話題にならなくなったが、清水幾太郎は元読売新聞の記者で、のちに保守派の論客としてたいへんに読まれた知識人である。清水が、外国語で本を読むコツを書いている。

外国書の場合は、初めのうちは、どうしても、「判った」と思う嬉しさで線を引いてしまう。それでよいと思う。判ったと思う個所があったら、遠慮なく線を引いたらよい。後から、線を引いた個所だけを読み直してみても、その本のアウトラインがボンヤリと見えて来る。（略）

最後まで読み通すためには、あまり厚い本でなく、一〇〇頁から二〇〇頁ぐらいの本を選んだ方がよいであろう。また、あまり立派な本でなく、ペーパーバックの方がよいであろう。（略）判ろうと、判るまいと、二〇〇頁ぐらいの本を、四冊か五冊、馬鹿になったつもりで、最後の頁まで読めば、どんな人でも必ず洋書に慣れる。逆に、この強行軍をやらないと、学校の成績がどんなに優秀でも、一生、洋書が怖く感じられる。

清水幾太郎『本はどう読むか』

「馬鹿になったつもり」というところが気に入って、わたしもこの仕方をまねてみたことがある。分かろうと分かるまいと、本をとにかく読み進める。五冊読む。

じっさいに五冊読んで英語の本が読めるようになったかといえば、わたしはならなかった。分からないものは分からないままだし、第一、おもしろくない。

そのあとにわたしがとった方法は、もっと愚直な方法、もっと乱暴な方法、いわば「もっと馬鹿な方法」だ。

単語を覚える。目標は一万語。

「一万語も覚える」ではなく「一万語だけ覚える」——ゴールの設定

英語の本を読むのにいちばんストレスなのが、いちいち辞書を引かなければならないことだ。キンドルなど電子書籍なら辞書機能がついているが、関係ないのだ。その単語にカーソルをあわせて訳語をポップアップさせる。そのひと手間で、もう本を読むリズムが失われる。ストーリーも、文章も、味わえなくなる。おもしろくない。

辞書なしで**英語の本を読むのに必要な語彙は一万語**といわれている。

英語の語彙は、百万語以上もある。一万語などは、ほんの序の口だ。しかし、一万語を覚えると、辞書を引く必要はなくなる。未知の単語も一ページにつき数語は出てくるが、前後の文脈から類推することができる。あるいは、飛ばして読んでなんの支障もない。

一万語を覚えるのはたいへんだと思われるが、じっさいにしてみると、そうでもなかった。ここでも一日十五分だけ、単語帳を眺める。そんな暮らしを一年も続けただろうか。だいたい、分かるようになった。

単語を暗記する作業で、いちばんへこたれるのは、ゴールがない、終点が見えないことだ。英語は百万語以上も語彙がある。覚えても覚えても、未知の単語はわいて出てくる。しかし、そんなことはもう気にしない。一万語を覚える。しかしそれ以上は、なにがどうあっても、一語も覚えない。極端にいえば、そういう決意を固める。ゴールがはっきり見えているのだから、あとは毎日十五分、覚えればいいだけだ。

出版社アルクにちょうどいい単語集があって、**『究極の英単語』シリーズ**という。四分冊になっており、一冊が三千語ずつ。四冊合わせて一万二千語。この四冊を覚えればいいわけだ。

あるいは、最上級の第四巻は後回しで、一～三巻だけでもいい。九千語覚えれば、まずストレスなく本が読める。

英語なんて中学レベルも分からないという人は、面倒がらず、第一巻から覚える。penやdoorから始まる。知っている単語ばかりだから、かえって楽しいかもしれない。大学受験をしたような人は、第二巻からでいいだろう。つまり、第二巻と第三巻の二冊だけを、一生かけて覚えればいい。「**一生かけて二冊**」**と考えれば、楽なものだ。**

英語で読む本、何を選べばよいか？

二冊をだいたい覚えたのち、いよいよ英語の本を手に取る。ここで重要なのが、読む本の選択だ。英語学習本でよくすすめられるのがミステリーで、シドニィ・シェルダンやジョン・グリシャムは難しい単語がなく、なぞときのおもしろさで、いわゆる「ページ・ターナー」（続きを知りたくてつい次のページをめくってしまう）になるというわけだ。映画化もよくされるので、あらかじめ映画を観ておけばなおよい、とも。

一見もっともらしい説だが、そしてわたしも試したことがあるのだが、まったく合わなかった。これは、読書人に向けた方法論ではないのではないか。英語人のためのメソッドだ。英語がうまくなりたい人のための訓練法だ。

もしも読者がシドニィ・シェルダンやジョン・グリシャム、ダン・ブラウンらを好きならば、止めることはない。しかし、たとえばわたしの場合、日本語の翻訳でそれらのベストセラー本を手にすることは、まずない。

日本語で読んでつまらない本が、英語で読んだら急におもしろくなるわけがない。ページ・ターナーにはなりえない。だから、自分の好きな本、自分の好きな作家だけ読む。

わたしの場合はモームにヘミングウェイやマラマッド、ジム・トンプスンにチャールズ・ブコウスキー……。**翻訳を読み、好きでたまらなくなった英語作家の作品を、彼らの書いた言語で読む。**

リズムで読む。グルーヴに乗る。

わたしは音楽評論もするのだが、ボブ・ディランやマイルス・デイビス、キース・リチャーズの自伝は、仕事抜きで、きわめておもしろい読み物だった。そうしたものを、原著で読んでみる。

難しい単語や構文が使われているわけではないが、たとえばキースの本は、簡単に読める英語でもない。クスリ関係の専門用語が多かったり、独特のやんちゃな、不良の言葉遣いが多くて、日本語に訳すのにはさぞかし苦労が多かっただろうというタイプの英語だ。

しかし、きわめつきにおもしろい。キースの口吻が伝わってくる。そして、訳書と並行して読むとよく分かるが、日本語には決して移し得ないタイプの文章でもある。だからこそ、わざわざ原著で苦労して読むに値する。

なじみの日本語作家の本を英語訳で読む

また、おすすめしたいのは、**好きな日本語作家の本を英語訳で読む**ことだ。

夏目漱石はほとんどの本が英訳されている。

次の日三人は表へ出て、遠く濃い色を流す海を眺めた。松の幹から脂《やに》の出る空気を吸った。冬の日は短い空を赤裸々に横切って大人しく西へ落ちた。

夏目漱石「門」（※傍点は引用者）

「あゝ湯にはいっています」
「直《なお》といっしょかい。お母さんとかい」
芳江の笑い声の間にはたしかに、女として深さのありすぎる嫂《あによめ》の声が聞えた。

「行人」（※同）

漱石の本で、何度も読み返す好きな箇所だ。好きなのだが、これを英語に訳してみろと言われても、わたしなどはまったくお手上げだ。そもそも日本語としても、どこまで自分が分かっているのか、怪しい。
こうした文章を英語でゆっくり読むのは、読書のもっとも深い楽しみのひとつだ。それぞれ、こう訳されていた。

The next day the three went out and looked at the sea, a vast expanse, flowing out darkly from where they stood. They breathed deeply of the pine-scented air. The winter sun cut

nakedly across a corner of sky and began to sink quietly into the west.

"The Gate" Francis Mathy 訳（※太字は引用者）

Listening I heard my sister-in-law's ***surprisingly deep voice*** *intermingled with Yoshie's laughter.*

"The Wayfare" Beongcheon Yu 訳（※同）

漱石の書いている意味が、初めて分かった気がした。あるいは、**英語訳者も困惑しているるんだなと**分かり、気が楽になった。笑った。

吉本ばななでも川上未映子でも、自分の好きな作家が英訳されたら、それを読む習慣をつける。勉強になるし、作家がさらに好きになる。深くつきあえる。

第二外国語で読む——英語で読むのとは違う目的

ある程度、英語で読めるようになったら、ぜひおすすめしたいのは「第二外国語読書術」だ。

第二外国語として文法もまったくちがう中国語やタイ語、あるいはキリル文字を使うロシア語、古代ギリシャ語を読もうとするなら、その苦労たるやさぞかし、である。素晴らしいとは思うが、わたしはしたことがないので、自信をもってすすめられない。

一万語近く単語を覚えて、まがりなりにも英語で本を読めるようになった人が次に選ぶ言語は、おそらく、フランス語、ドイツ語、スペイン語、イタリア語など、西ヨーロッパの言語ではないか。

そして、英語を読めるようになったのならば、**現代西欧言語を第二外国語として本を読もうと試みるのは、無謀でもなんでもない**。むしろしないのはもったいない。

英語とドイツ語はゲルマン語系に属し、文法も、単語も、とてもよく似ている。ほとんど方言に近いと考えていい。フランス語やスペイン語、ポルトガル語、イタリア語は、ロマンス語系で、英語とはかなり異なっているのだが、それでも親戚である。

英語と日本語は、おそろしく異なった言語である。文字も、文法も、まるで違う。この違いを、まがりなりにも乗り越えたのならば、こわいものなどない。英語とたとえばスペイン語は、家族も同然。日本語と英語の懸隔を考えれば、感覚的にはほとんど同じ言語だ。

わたしは、第二外国語としてスペイン語を独習した。ＮＨＫのラジオ講座を半年間、かなりまじめに勉強した。しかし、それだけである。ＮＨＫのラジオ講座はさすがに歴史があってよくできている。半年でいちおう接続法まで学べる構成になっている。ここまですれば、どんな文章でも読める。単語が分からないだけだ。
スペイン語の単語を一万語覚えようとすると、さすがに気が遠くなる。だが、そんなことをする必要はない。こんどこそ、**辞書を引きまくればいい**のである。ほとんどすべての文章で、辞書にあたる。ゆっくり読む。

むしろ、〈ゆっくり読む〉ことがここでの目標だ。

世には速読術に関する書籍があふれ、講座も花盛りだ。これはなにを意味するかというと、情報処理能力を競っているのだ。どれだけ短時間に大量の文章を読むか。演算のスピードを競う。人間が、機械に成り下がっている。
そんな時代に「ゆっくり読む」というのは最高のぜいたくであるし、なによりだれもしていないことだ。だれもしていないとは、つまり、〈価値を生む〉ということでもある。

村上春樹を、日本語、英語、スペイン語で読んでみると
村上春樹のデビュー作『風の歌を聴け』は、村上作品中でいちばん好きで、ずいぶん早い時期に英語訳でも読んだ。スペイン語で初めて一冊を読み通したのも、この本だった。
細部まで覚えているから、辞書を引く手間が省けるだろう――。それくらいの、軽い気持ちだった。

予想以上の、大きな学びがあった。

こんな場面がある。

主人公の大学生の家に、地方ラジオ局から電話がかかってくる。「きみのために曲をリクエストしてくれた女の子がいる」と、ポップス・リクエスト番組のＤＪが、電話口で言う。


「(略) 君は今何してた。」

「本を読んでました。」

「チッチッチ、駄目だよ、そりゃ。ラジオを聴かなきゃ駄目さ。本を読んだって孤独になるだけさ。そうだろ?」

村上春樹『風の歌を聴け』

日本語で読んだときは、なんということもない。読み飛ばしていた。

英語訳で読んだときも、気にならなかった。「本を読んだって孤独になる」は、英語で次のように訳されていた。

Reading only isolates you.

"Hear the Wind Sing" Alfred Birnbaum 訳

まあ、これもなんということはないだろう。
ところが、スペイン語ではこうあって、私の目はそこで止まってしまった。

Leer te aisla de los demás.

"Escucha la cansinon del viento" Lourdes Porta Fuentes 訳

Leer（読むということは）
te（きみを）
aisla（孤立させる）
de los demás（その他大勢から）

人間は、群れを好む動物だ。群れなければ生きていけない弱い動物だ。だからこそ、人間社会は集団の同調圧力が強い。忖度する。空気を読む。それはむしろふつうのことだ。
人間は、知らないあいだに（その他大勢）になっている。

しかし、（読むということ）は、（きみを）、そうした有象無象から（孤立させる）。
群れから離れさせる。
異色にしてくれる。
オリジナルにする。
屹立させる。

「ラジオを聴かなきゃ駄目だよ」というDJの意図が、ほぼ真逆の意味になってこちらに伝わる。本を読みなよ。人と違う人間になれるぜ。ラジオを聴いたりテレビなんか見てたりしてちゃ駄目さ。ネットなんてもってのほかだよ。チッチッチ。

もちろん村上には、そんなつもりはないだろう。しかし、さほど得意ではない**第二外国語で読むと、〝誤読〟ができる。**テクストが太くなる。テクストが、自由に飛翔する。

虫の目を持つ——間違いに気づく①

第二外国語ではきわめてゆっくり読む。わたしの場合、日本語の読むスピードと比べて、三分の一以下である。これくらいゆっくり読むと、**訳者の誤訳**もよく見つける。

「ニット・タイ」を「ドット・タイ」と訳していた。おそらくカタカナの読み間違いであろう。「ニ」と「ド」の混同。ケアレスミス。

終盤、主人公がしばしの別れを告げに、バーのマスターを訪れる。夕刻、まだ店を開ける前の時間。そのとき主人公が飲むのは、日本語ではビール、スペイン語では「café（コーヒー）」である。スペイン人読者の習慣を考えて、あえて、コーヒーにしたのかもしれない。

訳者の間違いだけではない。これくらいゆっくり読んでいくと、**原作者（村上）の〝間違い〟**も目につくようになる。原作者の間違いとは奇妙な言い回しだが、たとえばこういうことである。

主人公の大学生は、親友である「鼠」に電話をかける。すると、聞き覚えのない女性の声が電話口に出て、びっくりする。その場面。

村上は「奴のアパートに電話をかけてみた」と書いている。これは奇妙なことだ。「奴の家」に電話をかけたのでなければおかしいはずだ。鼠は、大富豪の御曹司である。豪華な邸宅に住んでいることは、物語で強調されている。スペイン語訳者もそこはきちんと原作者の誤りを発見し、「casa（家）」に訂正して訳している。

読みが深まる——間違いに気づく②

もっと深刻な〝誤り〟を発見することもある。**間違えというよりも、著者の考え足らず**

を発見できる。

なんとも不遜なことを書いているが、少し付き合ってほしい。

かつて誰もがクールに生きたいと考える時代があった。

高校の終り頃、僕は心に思うことの半分しか口に出すまいと決心した。理由は忘れたがその思いつきを、何年かにわたって僕は実行した。そしてある日、僕は自分が思っていることの半分しか語ることのできない人間になっていることを発見した。

村上、前掲同書

これは、村上の「書き間違い」だ。書き間違いというよりも、考え足らずだろう。わたしはそう確信している。

「思っていることの半分しか語ることのできない人間」ではない。正しくは、「ある日、僕はかつての半分しか、思うことのできない人間になっていることを発見した」であるべきだ。あるいは「僕はかつての半分しか、考えることのできない人間になっていた」だろう。

言葉を、口に出さない。文章にしない。外部に出さない。私的感情として、自分の内部にとどめる。表出しない。それは、〈考えない〉ことと同義だ。

ウィトゲンシュタイン『哲学探究』である。いまの村上は当然、読んでいるはずだ。村上の小説は、ふつう思っているよりもずっと哲学的だ。本作を書いたのは村上がまだ二十九歳の時で、若書きの当然の帰結として、まだ文章が完成していない。文章が指し示している、本来のゴールにたどりついていない。

作者を差し置いてなにを言っているのかという話だが、つまりこういうことだ。第二外国語で、ゆっくりと、十回以上も読んでいると、作者の書き残し、いまひとつ文章を伸ばし切れていないところを発見することがある。

これはなにも珍しいことではない。わたしだって、過去の著作で熱心な読者から思いがけない指摘を受けることがある。たしかに、その文章はそのように（読者が読んでいるように）読まれるべきものだった、読者の解釈のほうが、文章をより自由にする。文章の可能性を伸ばす。そう反省させられることが、たびたびある。文章は、作者のモノ＝所有物ではないのだ。

第二外国語で読んでいるのだから、ほとんど全文章で辞書を引く。読むスピードも極端に遅い。例のごとく一日十五分読書で、通読するのに十一カ月かかった。

せっかく辞書を引いてノートに書き写したのだから、いちど読んだだけではもったいない。何度も読み返す。わたしは通算十回、読み返した。一回目より読むスピードは速くなるが、それでも、最後、十回目の通読では二ヵ月かかっている。

　こんなにゆっくり、丁寧に、一語一語の意味を辞書で確かめ、繰り返して完成稿を読むなど、当の作者でさえしていないことだ。作者のちょっとした勘違いや考え足らずを発見するのは、特段、誇るべきことではない。


　ローリング・ストーンズのキース・リチャーズにインタビューしたことがある。「サティスファクション」や「ブラウン・シュガー」など、過去の名曲を数十年間もステージで繰り返し演奏する。ファンに求められる。飽きることはありませんかという、いささか失礼な質問を、あえてした。

「おれたちは同じ演奏したことはないんだぜ。曲の中にほんとうにはなにがあるのか、三十年経ってやっと分かることもある」

　テクストの中に、ほんとうにはなにが〈在る〉のか。何十年も読み続けて、やっと分かるということは、ある。

第三外国語で読む——究極の遅読術

　これは万人にすすめるわけではないが、三つめ、四つめの外国語で本を読むというのも、たいへんおもしろい体験だ。

わたし個人にとっては、英語が第一外国語、スペイン語が第二外国語になる。そしてドイツ語が第三外国語、フランス語は第四外国語にあたるだろう。

ドイツ語、フランス語、どちらも大学一年レベルの文法をざっと独習しただけだ。単語集を集中して覚えたわけでも、NHKラジオ講座を半年間続けて聴いたわけでもない。発音はある程度できるだろうが、「本を読める」など、とてもとても。

しかし、**「読めない言語」が読書に向いていることもある。**

セリーヌ『夜の果てへの旅』はわたしの大好きな小説で、巻末の百冊選書にも入れている。日本語訳の文庫本はドッグイヤーだらけでふくらみ、黄色いダーマトグラフで傍線もたくさん引いている。それぐらい好きならば、もうフランス語の原書も手に入れてしまう。

昔――といっても二十年ほど前だが――アマゾンでも、日本から洋書を注文すると配送料が本体より高くついた。一冊ずつではとても購入できず、わたしは何冊かまとめてアマゾンUSで買い、ニューヨークにいる知人の家へ送り、だいぶたまったところを船便で日本に届けてもらっていた。

いまはそんなことをする必要はない。一冊ずつ注文しても、リーズナブルな値段で手に入る。セリーヌ『夜の果てへの旅』（Voyage au bout de la nuit）ならばペーパーバックで二千九百円だった。一週間ほどで日本に届く。

電子書籍なら半額以下で、しかもすぐに手に入るから、まあたしかに、洋書ならば電子書籍でいいかもしれない。しかし、**そこまで好きな作品ならば、フランス語やドイツ語で、書棚に並んでいてもいい**ではないか。百冊読書家が、わずかに自分に許すぜいたく品。本棚の飾り。しかし、意味のある飾りだ。

セリーヌの原書を手に入れたら、日本語の訳本で自分が傍線を引いた当該部分を探し出す。ノートに原文を書き写す。大学ノートのような、大判のものがよい。あまり欲張って長文にしない。せいぜい二文か三文にとどめておく。

大学ノートの**左ページに原文**を抜き書きして、**右ページは空白**のままにしておく。そして左ページの原文は、いっぱいに詰めて書かない。三行なり四行なり、適当なスペースを空けて書き写す。すかすかの状態にしておくのだ。

ほとんどすべての単語が未知である。仕方がない、**すべての単語を辞書で引く**。訳語を、空白の右ページに記していく。

左ページのすきま、残しておいた余白部分でなにをするのかというと、主に**動詞に注目**して、その活用形が現在形なのか複合過去か、大過去なのか半過去なのか（フランス語）、あるいは接続法第Ⅰ式か第Ⅱ式か（ドイツ語）、推測して、自分なりの考えを書いていく。

外国語は、動詞の解明が意味了解のポイントだ。日本語の翻訳を参考にしながら、文法事項をなるべく正確に、つめて理解しようとする。辞書と文法書は必須で、ネットの機械英語翻訳も参考になる。

そんなふうにしていけば、大学ノートの見開き二ページが、ドイツ語、フランス語小説の、たった一文か二文で埋まってしまう。そのくらいでいい。

そして次からがいわば「本番」になるのだが、**この大学ノートを、本として読む。**対訳ノートの自家製本。たとえば第8章で書いた、朝一番の読書。布団の中で寝たまま読む。まだ頭がはっきりしない明け方、十五分だけ。

杉田玄白たちの格闘——何日もかけて読んだ一語

杉田玄白『蘭学事始』に、大好きなエピソードがある。前野良沢ら蘭学者のグループがオランダ語の医学書（ターヘル・アナトミア／解体新書）を訳していた。江戸時代のことである。オランダ語の辞書などなかった。

あるとき「フルヘッヘンド」という単語がどうしても分からなかった。医学書には、「鼻はフルヘッヘンドしているものである」と書いてある。これが分からない。

一緒に訳していた良沢が長崎から買ってきた小さな本には、フルヘッヘンドの説明として「木の枝を切り取れば、そのあとがフルヘッヘンドし、また庭をはけば、ちりや土が集まってフルヘッヘンドする」という意味のことが書いてある。学者みんなで頭を寄せて意味をこじつけてみようとするが、どうしても分からない。

そのときわたしは思った。木の枝を切ったあとがなおると、うず高くなるし、庭をはいてちりや土が集まれば、これもうず高くなる。鼻は顔のまん中にあって、うず高くなっているものであるから、「フルヘッヘンド」は「うずたかい」ということであろう。だからこの語は「堆《たい》」と訳してはどうだろうと。（略）このときのうれしさは何にたとえようもなく、世にも尊い宝玉でも手に入れたようなここちがした。

杉田玄白『蘭学事始』緒方富雄訳

玄白、良沢ら数名の蘭学者――いずれも当時、高度な学問を修めた学者たちである――が頭を寄せ合って考えている。数日たった日、単語一つの意味に初めて思い当たる。前後の文章を読む。意味が通じる。涙を流さんばかりに喜ぶ。

いまは、ネットでオランダ語辞書を引けば「フルヘッヘンド」は五秒で出てくる。これを笑うなら、あなたとわたしは永遠の他人だ。

明け方、横になり、ドイツ語とフランス語、わたしにとっての第三、第四外国語の自家製本を読んでいる。

机の上で、あらかじめすべての単語を引き、文法事項もノートに書き込んでいるのだが、読み進めるうちに疑問がわく。この過去分詞は、完了形ではなく、受動態で使っているのではないか？　この単語の訳語は、「A」ではなく、「B」ととった方が自然ではないか？

そんなとき、寝ながら電子辞書を引く。初級文法書を読み返す。

玄白、良沢と同じ感動がある……とはさすがに言わない。だが、頭の霧が晴れる、光がさす、そういう経験は、たびたびある。読書の喜びとは、「読む」ことそのものにあるのではない。知識を得ることにあるのでもない。

自分の頭の霧が晴れ、視界が開けること。**ぜんぜん別物だと思っていた事物が結びつく。**回路がつながる。電流が走る。その、運動を実感できる肉体的瞬間にこそ、読書の喜びは宿る。

一日でたったの一文しか読めないこともある。しかしその一文は、バルザックやセリーヌ、ニーチェ、ハイデガー、ロマン・ロランにトーマス・マン……。人類の至宝からの一文を、十五分かけて読んでいる。

ここで第三外国語の「第三」とは、便宜上言っているのであって、英語が不得意な人は、英語が「第三外国語」であっていい。英語を第三外国語方式で読む。あるいは、万葉集、史記、唐詩選でもいい。ゆっくり読む。一日に一文しか読めない。一首しか読めない。いや、読まない。

何度も読む。繰り返し読む。声に出して読む。意味を考え、ゆっくり味わって、単語の意味に思いをはせる。本と、自分との関係が、濃くなる。本と結んだ関係の記憶が、うずたかくなる。

フルヘッヘンド。

第11章

Don't Think Twice

ズレてる方がいい

A面

抜き書き帳

——わたしが、変わる。生きていく

『神聖喜劇』の作家・大西巨人を、わたしはたいへんに尊敬している。私淑している。ご自宅にも何度かお邪魔したことがある。

およそ七千冊以上あったとされる蔵書の一部を、手にとって拝見する機会にも恵まれた。驚いたのは、そのどれもが、新本かと見紛うような美本だった。

中身はまっしろ。どこにも書き込みがない。ドッグイヤーも傍線も、付箋もない。それどころか、そもそも本を開いた形跡が見あたらない。

ページを大きく開いて、本の形を崩してしまうのを、嫌っていたのだという。経済的には厳しい作家生活のあいま、それこそ爪に火をともすような思いで本を購入されたと聞いた。そうした、自分の分身のような物体を、大きく広げたり、線を引いたり、書き込みで汚したりすることには耐えられなかったのだろう。

ところで、代表作の『神聖喜劇』を始め、大西文学の特徴の第一は、膨大な引用癖だ。日本の古典、四書五経や唐詩などの漢籍、ドイツ語、英語、フランス語の原典から自在に引用し、作中で新たな命を吹き込む。博覧強記というが、これ以上の記憶力をもった人に、わたしは会ったことがない。

辞書を一度読んだだけで文章を覚えてしまう。そういう、ある種の特殊能力を持った人であったと、奥様からうかがったことがある。

わたしがこれから書こうとしている「抜き書き帳」方法論は、そういう人を対象にしていない。わたしのように、なんど辞書を引いても外国語を覚えられず、日本語もときどき怪しい、しかし本を愛し、本に救われ、抜き書き帳に生かされてきた男の、いち経験譚。

抜き書き帳とは——最強の武器①

百冊読書家の蔵書は、千円のカラーボックス一個にすべて収まるだろう。その百冊は固定したものではなく、新陳代謝していく。磨き込まれた百冊だ。ところが、究極には、その百冊さえ重荷なら持たなくたっていい。処分していい。

その代わり、抜き書き帳を百冊。

抜き書き帳とは、本を読んでのち、一部の文章を書き写したノート、メモ帳のことだ。わたしは銀座伊東屋の特製ノートを愛用している。縦十五センチ、横九センチの手のひらサイズ。百冊並べてもわずかに八十センチ、身幅程度。引っ越し用のいちばん小さな段ボール一箱に、余裕で入る。

これで十分。究極の百冊蔵書は、抜き書き帳百冊だ。

抜き書き帳の作り方だが、特別なことはなにもない。本を読んでいて、ここは重要、忘れたくないと思った箇所を、手帳に書き写していく。**写メではだめだ。**スキャナーで取り込んでテキストデータに変換し、パソコンに蓄えていくのは、最低なやり方だ。じつは、自分でもその方法を試したことがある。まったく頭に定着しない。文章が息をしない。パソコンに入れたという事実だけで安心してしまって検索などしないし、ここがいちばん大事だが、パソコン画面なんて読み返さない。本ではないのだ。

抜き書きする前に——本を読むときの作業、三段階

抜き書きの前段階で、当たり前だが、本を読んでいなければならない。**読みながら傍線**

を引くのだが、重要度に従ってその**傍線で「高」「中」「低」と、三段階に腑分け**していく。そういう意識を持つ。

まずは第一段階の腑分け。重要度でいえば一番下位の「低」にあたる。

傍線は、引きまくる。感動したところにはもちろん引くが、逆に納得できないところ、反感を覚えたところにも引く。しゃれた言い回し、気に入った語彙、読めなかった漢字にも引く。

とくに社会科学、自然科学系の本では、いままで知らなかった事実や、論理が納得できたときに、つい傍線を引きたくなる。「分かった」といううれしさだけで、本に線を引く。

それでいい。遠慮しないでいい。傍線は、再読するときにたいへん役立つ優秀な「ガイド役」だ。

カネのなかった学生時代、唯一の趣味といえるのが古本集めだった。音楽や映画も好きだったのだが、ＬＰは高くてそうは買えないし、映画はおもに名画座に入り浸って一日に何度も見た。当時、入れ替え制という世知辛いものはなかった。

それはともかく、複数のバイトをかけもちして自分の学費を納めたあと、ときには食費を抜いてまでして貯めたカネで、本を買った。一冊百円で買った、カバーもついていない文庫本であろうとも、自分にとっては大事な本だった。傍線を引いて汚すという発想は、当時はまったくなかった。

高校のころは、主に桑原武夫リスト（第6章）で海外文学の古典を買い集めていた。いまもそれらの古本は特別扱い、専用の書棚に大事にとってある。鎮座している。ただ、残念至極と悔やんでいるのが、これらの本になんの印もつけていなかったことだ。傍線もない。書き込みもない。ドッグイヤーは、あるにはあるが、ごく少量、遠慮がちに折ってある。そこは、よほどの感銘を受けた箇所なのであろう。

たとえ稚拙な感想でもいい。当時、なにを考え、なにに悩み、その本をどう読んだか。その痕跡があってほしかった。**読書とは、痕跡**だ。

「きれいに読んで、あとで売ろう」などとせこい考えを持ってはいけない。**読書とは、浪費**のことだ。**役に立たない人生の濫費が読書**だ。そしてほんとうの宝は、濫費の末にしか手に入れられないことを、これは大人になって知った。

さて第二段階の腑分け。重要度「中」である。

傍線を引きつつ、「ここは特別に重要」と鋭く思う箇所に、ドッグイヤーをつける。ページの上部を、小さな三角に折る。覚えていたい箇所。

最後に第三段階の腑分け。重要度でいえば「高」で、この章の主題だ。抜き書きをする。

いわば写経である。

読み終わった本も途中で投げ出した本も、しばらくの間、手元に置いておく。二、三カ月から半年が適当だろう。**ある程度時間をおいて、再読**する。再読するのは、ドッグイヤーをつけたページ、重要度「中」のページのみ。

時間をあけるのは、熟成させているのだ。少し冷却期間をおいている。頭を冷やす。二、三カ月たって、相変わらずの熱量をもって自分に向かってくる文章があるだろう。一方、「ここはもういい、分かった」、そういう気になる文章もある。なぜ傍線を引いたのか、さっぱり思い出せない文章もある。それでいい。そのための冷却期間だ。

前者の、いまだに**熱量をもって自分に訴えかけてくる文章、その文章だけを、抜き書き**する。いわば、三重の選考試験に勝ち抜いた名文集。

抜き書きの道具――こだわるのは理由がある

抜き書きするのは、手帳でも大学ノートでもなんでもいい。なんでもいいが、おすすめはある。

まず、恒久的なデザインのもの、絶版にならないものを選ぶ。

抜き書き帳は、**数十年もの時間をかけてそろえていく**、自分の宝だ。「宝」とは、比喩的に言っていない。四十冊以上になった抜き書き帳は、わたしにとって仕事の最重要道具だ。仕事を離れても、悦びの源泉であり、再び生きる気力を授けてくれる恋人であり、書く霊感を与えてくれる女神である。自宅が火事になったら、わたしは抜き書き帳を両腕に抱え（散弾銃は背中に担ぎ）、家を飛び出すだろう。

それだけ大事なものだから、長続きする商品でなければならない。歴史の長い、伝統あるノートを選ぶ。先にも書いたが、わたしは長年、銀座伊東屋のオリジナルノートを愛用している。まずはコンパクトだし、紙が厚手で頑丈だから、裏に万年筆のインクが透けない。ノートのへりに金箔が施してあるのも、小さなぜいたくで気に入っている。数々の文士が愛用してきた歴史あるノートだから、めったなことでなくなることはないだろうと、安心して使っている。

ところが最近、ショックなことがあった。特製ノートにかけるなめし革のカバーがあるのだが、わたしも愛用して色違いを十セット近くも持っているのだが、この革カバーが絶版になってしまったのだ。

なんでも職人が廃業して、あの特徴ある革を作れる者がいなくなったという。ソフトで光沢があり香りのする革のカバー。「リフィル（替え）のノートは絶版になることはない」と店の人に説明されたのだが、もう気が気ではない。あわてて何十冊かまとめてリフィルのノートを注文買いした。わたしが死ぬまでは、これで事足りるだろう。ライターを辞めるつもりはない。死ぬまで書く。それはとりもなおさず、「死ぬまで抜き書きする」ということと同義なのだ。

抜き書きに使う筆記具は、万年筆と決めている。モンブランのマイスターシュテュック。革の手帳カバーも、万年筆も、高価な買い物だった。だから、若い人にはなおのこと、身分不相応なぜいたくと映るかもしれない。

なにも、伊東屋とモンブランの回し者なのではない。

人間というのは、せこい生き物なのだ。だから、最初に高価な初期投資をすると、「これだけ高いノート、高い万年筆を買ったのだから、もったいない」と、無理してでも続けようとする。そして、抜き書きというのは、**慣れるまではたいへん面倒な、気の重い作業**なのだ。

なにしろ、手書きで文字を書くというだけで、たいへん時間がかかる。机の前に座らなければならない。そんなこととしないで、スマホやタブレット端末で抜き書き箇所を撮影、アプリでテキスト化し、データベースにすることだってできる。

それは、あたりまえだが、抜き書き帳ではない。データだ。抜き書き帳はデータではない。

ではなにか？

抜き書き帳は、写本だ。自分のためだけに編まれた、究極のアンソロジーだ。デジタル化して情報をため込むのを否定しているのではない。暇ならすればいい。しかしそれは、「情報のストック」である。ここでは、**「感情、思考のフロー」**を作ろうとしている。ため込む（ストック）のではない。いつでも流れている（フロー）。変化する。情報ではなくて感性。感性に裏打ちされた、思考の強度を、抜き書き帳によって鍛えている。

感性を養う――情報のストックに意味はない

ことのついでに書いておくと、いまの時代、**情報にはさほど価値はない**。情報はいくらでも、ただで入ってくる。むしろ、情報の入力をいかに規制し、整理していくかが重要だ。意識的に情報を遮断しなければ、無尽蔵に入ってくる。無尽蔵に入ってくるということは、ほんとうに必要としている情報が埋もれてしまうということだ。

逆に、意識して育まなければならないのが、感情、感性、情動、思考だ。言うまでもない。ＡＩ（人工知能）のためである。

情報・知識のストックで、機械に勝てる人間はいない。囲碁や将棋、チェス、複雑な構文を持ったクイズでも、名人とＡＩの戦いは決着がついてしまった。情報を単純にため込むことは言うに及ばず、そうした情報を使って先を読むとか、形勢を判断する、そうした思考も、じつは「人間の人間たるゆえん」ではないということが、暴露されてしまった。

そうした分野で、人間は機械に勝てない。いや、負けなければおかしいのだ。

人間に〈常識〉があるならば。

ＡＩに常識はない。囲碁や将棋では、プロ棋士は定石・定跡を必死に勉強する。ところがＡＩは常識を勉強しない。その局面その局面で、最善と思われる手を打つ。常識外れの手を打つ。人間の及びもしない、圧倒的な処理能力で有望な手を計算する。そうした機械に、人間は〈負けなければならない〉。

人間とは、常識をもって、その局面その局面で、前後の文脈を判断して、ゲームに参加する。そういう生き物だからだ。

言語学者の川添愛がおもしろい事例を挙げていた。

ダチョウ倶楽部・上島竜兵の定番ギャグ「絶対に押すなよ！」を、ＡＩは理解できるか、ということだ（川添愛『言語学バーリ・トゥード』）。

バスタブを前に四つん這いになり、「絶対に押すなよ！」と真剣な顔で叫ぶ上島だが、文字通りとれば、それは、「押してはならない」ことを意味する。しかし、熱湯を前に上島が叫べば、それは「押せ」という合図だ。

ＡＩはこれを理解できるか。できるわけがない。ＡＩは「押すな」の命令形を、そのままの意味でなければ理解できない。押すべきか、押さざるべきか。わたしたち人間は、それを表面上の言語で判断しない。〈常識〉に属することだからだ。

その常識を構成するのは、〈人間がそのもとで生きる生活様式〉である。人間は人間の生活様式のなかで、怒りや喜び、悲しみにおかしさといった感情を、後天的に学ぶ。獲得していく。「最初に感情ありき」と思うのは、大きな錯誤だ。

抜き書きは、この感情を育てている。感性を鍛えている。思考を強靭化している。それが、常識を得るということの本質だから。

究極の百冊、わたしが変わる

稽古は強かれ、情識はなかれ。

世阿弥『風姿花伝』

稽古は厳しくしなければならない。しかし、情識は持ってはいけない。

この場合の情識は〈常識〉ではない。仏教用語で、頑迷固陋《がんめいこうろ》のことを指す。いつでも心を開いていろ、という教えだ。心を開くこと。それがすなわち、〈常識〉を得る道だ。

ここまでをまとめると、つまり、本を三段階で腑分けしていくわけだ。

第一に、**傍線を引く**。

第二に、**ドッグイヤー**、ページの端を折る。

第三に、**抜き書き**をする。

第四に、そしてこれが最重要だが、抜き書き帳は、やはり**読み返す**のである。

「抜き書き帳は、写本」と書いた。本ならば、読むのが当たり前である。一日に十五分も眺めれば十分だ。そして、これこそ読書の最大の楽しみ、本を読む最後的な意味となる。

まことに奇妙なことだが、ひとは書物を読むことはできない、ただ再読することができるだけだ。良き読者、一流の読者、積極的で創造的な読者は再読者なのである。

ナボコフ『ヨーロッパ文学講義』

いい文章とは、つまり、再読できる文章のことだ。厳選されて抜き書き帳に残った文章は、あなたにとって珠玉の言葉であるはずだ。あなたにとって〈だけ〉絶品の文章だ。

抜き書き帳は、再読して楽しいというだけではない。想像していなかった「御利益」もある。

その一。**自分が分かる**。

自分がどういうものを美しいと思うか。正しいと思うか。善きことと思うのか。はじめて、自分の性情が見えてくる。自分の〈骨〉が分かってくる。

その二。**自分が変わる**。

「きみはきみのままでいい」わけが、あるはずない。なにかしらいまの自分に満足していない。変わりたい。そういう内的な渇望のある人こそ、本を読む。そして抜き書きをしていると、あきらかに自分が変わってくる。

自分が「分かる」からである。自分のことがよく分かってくるからこそ、自分の足りないところに、渇きが生じる。

自分が分かる→自分が変わる→自分が、深く分かる弁証法的な永続運動を可能にするエネルギー供給源が、抜き書き帳である。
本を読み、抜き書きをすると、自分の愛してやまないもの、大切に思っている価値が、
はっきり形をとるようになる。

自分の好むものを、信じ、楽しみ、愛する。
生きること、生きていていいことに、確信が生じる。
抜き書きは、人生を変える。人生が、変わり続ける。
変わることを、もう迷わない。

You're the reason I'm trav'lin' on
Don't think twice, it's all right

Bob Dylan

B面
暗唱カード

――百冊の消滅。ひとつに、なる

究極の蔵書百冊は、抜き書き書き帳百冊である。前節でそう書いた。抜き書き書き帳が百冊あっても、小さな段ボールひとつに余裕で収まる。
ところで、そのわずかなスペースもなかったら？

極端な話、牢獄の中だったら？　逮捕されて取り調べを受け、起訴まで最長で二十三日間。そのあいだ、本なしで、抜き書き帳もなくて、どうやって厳しい取り調べを切り抜ける？

まあこれは半分冗談だが、半分は本気だ。わたしたちは好むと好まざるとにかかわらず、牢獄にいる。人生の取調室に、座らされている。

完全に自由な人なんていない。みんな、なにかを抱えている。なにかにとらわれている。多かれ少なかれ、命令されたり脅迫されたり小突き回されたりしながら生きている。それが人間だ。

暗唱カードとは——最強の武器②

わたしは病的な短気で、まだ東京に住んでいるころ、エレベーターを待つのがたいへん苦手だった。急いでいるときに限って、エレベーターはやってこない。四機も五機もあるのに、みんな最上階に向かって昇っている。馬鹿なのか？

馬鹿はおまえである。そんな小さなことにいらだつ。エレベーターに乗り込んだら乗り込んだで、おばあさんが「2階」ボタンを押したなら、舌打ちでもしかねないありさまだ。「忙」しいとは「心を亡くす」と書く。

あるとき、たしか英文学者だったかの読書録を読んでいて、妙案を思いついた。その人は、時間をもてあますと、漢詩をいくつか暗唱すると書いてあった。

これは使えるのではないか？　素直なので、まねをするのは早い。すぐ、手のひらサイズのカードを買ってきた。

抜き書き帳は抜き書きして終わりではない。再読、三読する。そうやって読み返していると、感動がより深くなることはたびたびだ。自分の肺腑に落ちてくる短い章句に出会う。人生の決めゼリフというか。内容はもちろんのこと、文章に内包されたリズムのとりことなる。

これらは抜き書き帳のなかでも、いわば**殿堂入りのパッセージ**で、もう、暗記してしまうのだ。手のひらサイズの暗唱カードに、抜き書き帳の一文を書き写す。

最初は詩が向いているようだ。長い詩の、全部でなくていい、ほんの一節を暗記する。和歌、短歌や俳句、川柳でもいい。そもそも詩とは、声にする、口に出す、暗唱するために書かれた。

日本語だけでもない。わたしの場合、英語とスペイン語は、スピードは遅いが、まあまあ読める。フランス語、ドイツ語は、ものすごい時間がかかるが、辞書さえ引けば読める。漢文も、読めることは読める。

こうした外国語で抜き書きしたもの、そのなかでもお気に入りの一節を暗唱してしまう。

昔の日本人は、本を読むとき、素読をしていた。論語や孟子などの漢籍を、内容の理解はさておいて、文字づらだけを声に出して読む。

素読はたいへんよくできたシステムだ。読書百遍、意自ずから通ず。

Ihre Lockung ist die des sich Verlierens im Vergangenen

彼女たち（セイレーン、人魚）の誘いは、わたしたちを過去への没入に誘い込む甘い罠である。

ホルクハイマー／アドルノ『啓蒙の弁証法』

"Dialektik der Aufklärung" Horkheimer/Adorno

わたしの好きな一節だ。好きになりすぎて、原書を取り寄せ、辞書を引き引き読んだ。ドイツ語の響きがまた、魅力的だった。

これは抜き書きだけにとどめず、暗唱する。

さて暗唱はしたものの、なかにある「die des」が分からない。なぜ、定冠詞らしきものがふたつ続いているのか。なにしろドイツ語初心者なので、完全な文法的理解もないまま、丸暗記している。

それでいい。素読とは、そういうことだ。暗唱しているうちにしぜんと「なぜ」がこみ上げてくる。あらためて文法書を繙《ひもと》けばいい。教師に聞いてもいい。

暗唱カードの作り方

さて、暗唱カードである。名刺より少し大きい、手のひらにすっぽり収まる、**七十五ミリ四方のブロックメモ**を用意する。

表面には、たとえば作者名や出典など、ヒントを書いておく。

㊤ 清原深養父《きよはらのふかやぶ》　春を待つ

裏面には、〝クイズ〟の答えである。

㊦ 冬ながら空より花の散りくるは雲のあなたは春にやあるらむ（古今和歌集）

これを五十枚ほどまとめて、**小さな透明ビニールケースに入れて持ち歩く**。A7のソフトカードケースは東急ハンズで売っている。手のひらサイズだから、なにを持っているのか周囲から見えない。つまらん会議中に、電車の待ち時間に、病院での会計待ちに、免許の更新に、税務署での順番待ちに、つまり、「世間に小突き回されている」そのほんの寸暇に、ケースを取り出して眺める。

エレベーターを待っている十数秒で、カード三、四枚はいける。

ふつうの人はこういうとき、スマホを取り出すのだろう。SNSをしているのか、メールしているのか、はたまたニュースアプリで最新の見出しをチェックしているのか。

スマホにRSSリーダーのアプリをダウンロードしておき、たまったニュースを素早くチェックすると書いているジャーナリストがいて、一時期わたしもまねしてみたが、続かなかった。そもそもニュースが好きではないうえ、この方法の決定的な欠点、「かっこ悪い」からだ。駅のホームではみんな、スマホをのぞき込んでいるじゃないか。みんなと同じは、全力で避けたい。

本。いつでも、わたしの中に在る

暗唱カードは、最強の読書法だ。TPOの三冠王である。

T（**タイム**）。**速い**。スマホやタブレット端末と違ってスリープ状態を解除する必要がない。すぐ読める。

P（**プレイス**）。**場所を選ばない**。どこでも使える。充電する必要がない。南米アマゾンの密林や、アフリカのサハラ砂漠でも使える（これはわたしの実体験）。

O（**オケイジョン**）。退屈な会議中にスマホを開くのは、かなり失礼な行為だろう。本を開いて読み始める猛者は見たことがない。しかし、手のひらを眺めているのなら、なんてことはない。会議中に虚空をにらみ――暗唱する文章を思い出している――、たまにメモらしき紙片をひっくり返していても――答え合わせをしている――、気にする人などいない（これも私の実体験）。

アリーの奴が、ミットの指のところにもどこにも、どこにもかしこにも、いっぱい詩を書いてあったんだ。緑色のインクでね。そいつを書いておけば、自分が守備についてる場合、誰もバッター・ボックスに入ってないときに、読む物ができるっていうんだ。

サリンジャー『ライ麦畑でつかまえて』

慣れてくれば、〝ミット〟を持つ必要もない。最初のうちは、答え合わせのために持ち歩くカードであるが、そのうち、見る必要さえなくなる。問いも答えも、セットで思い出せる。

寒い冬、バスを待つ列に並んでいる。ポケットから手を出したくない。そしてこんなときほど、バスはなかなかやって来ない。いちばん効くいらいら解消法が、「脳内暗唱カード」だ。

健康診断に訪れた病院の待合室。アメリカ大使館でビザを申請。長い待ち時間が当然予想される状況なのに、おれはなんて間抜けだ！　本を忘れた。地獄に落ちろ！

地獄に落ちる必要はない。「脳内カード」を持っていれば、ゆうに一時間はつぶせる。

百冊が消えるとき

暗唱カードは身を助けることもある。

あるとき、礼儀としても、順番としても、当然連絡があっていいはずのかつての友人から、いつまで経っても返事が来ない。理由もわからない。感情のもつれがあったことはたしかなんだろう。待つ。来ない。だんだん腹が立ってきた。

「なぜ返事がないんでしょう？」

メールを書きかけて、頭の中で暗唱カードのフレーズが鳴り響いた。


すべて、所願皆妄想なり。所願心に来たらば、妄心迷乱すと知りて、一事をもなすべからず。

『徒然草』


なぜ返事がないか？　返事したくないからに決まってるじゃないか！　「一事をもなす

べからず」。あやうくしつこい男になるところだった。

記憶力は加齢によって衰えるものではあろうが、しかし「年をとったからもう記憶できない」というのは、やはりいいわけだ。「年をとったから記憶できない」のではなく、「**記憶しないから記憶できない**」というほうが実情に近い。

暗記していると、暗記する脳のスペースがどんどん大きくなっていく。パーソナルコンピューターでいうところの、キャッシュが増える。キャッシュ（cache）とは、もともと貯蔵庫とか隠し場所という意味で、パソコン上ですぐに呼び出せるよう一時的に保存しておくスペースだ。パソコンがバージョンアップすると大きくなる。人間の記憶力もこれと似ていて、**記憶すればするだけキャッシュが増える**。

漢詩や俳句、短歌で始めた暗唱だったが、そのうち、英語、スペイン語、フランス語、ドイツ語の短文も混じるようになってきた。小説や戯曲もあれば、哲学書もある。二葉百合子師の浪曲の、いなせな啖呵まで入るようになった。暗唱したいと思うリズムと内容があれば、どんなものだって構わない。どう使おうと、あなたのキャッシュだ。

昔、百人一首を暗唱していた人はたくさんいた。だから、わたしたちも百文ぐらいは暗唱できるはずなのだ。

本書は、自分だけのカノン百冊を選ぶ、その方法論を書いてきた。しかし、ことここに至って、その百冊さえ消えてゆく。抜き書き帳になり、暗唱カードになり、自分の脳内へ移行する。

自分に、なる。

デジタル時代は、人間の能力をアウトソーシング（外部化）する時代だ。だれも、妻や夫の携帯電話番号さえ覚えていない。地図を読める人間は、じき、いなくなる。そんな時代に、文章をわざわざ抜き書きし、暗唱するなど、アナログの極致だ。アナクロニズム。時代遅れである。

「写メで撮って、エバーノートに貼っておきなよ、おじさん」

わたしは、そう思わないんだな。時代遅れじゃない。うつろう時代から、うわきな世間から、ずれていく。そこがいい。本を読むのは、結局、ずれるためだ。

世界を疑う。ばっくれる。生まれた時代、家庭の環境なんか、関係ねえ。過去の自分から、自由になる。本気《マジ》になる。真剣《ガチ》でやる。人には冷笑させておけ。自分の可能性を縛らない。

ズレてる方がいい。

おわりに　――この世界とつなぐ糸：はじめにリプライズ

路上で寝るのが癖になったときがある。

最初は北新宿だった。なぜそこにいたのかさえ、覚えていない。人通りが少ない、薄暗い、けっこう危ない路地裏だった。小さな駐車場で横になり、車輪止めのコンクリートを枕にして、明け方に寝込んだらしい。目が覚めたときはすでに日が高かった。高いビルのすきまから差し込む太陽の光が目を直射して、やっと目覚めた。かばんも、財布も、体も無事だったのだから、運がよかった。

いちど寝てしまうと癖になるもので、そのあとは、人通りの多い銀座の繁華街でも、渋谷の公園でも、どこやらの川べりでも寝た。たいていは泥酔していた。

べつに外で寝たくてそうしたのではない。家に帰るのが面倒だった。どこに帰るのも面倒だった。人間社会に帰るのが面倒になりかけていた。

なにもかも、生きるのさえ、億劫になっていたのだろう。

日中に焼けたアスファルト、湿った土、下水、犬の小便や草の青臭さが入りまじったにおい。何度か野宿を体験しないと識別できない悪臭に、しかし、だんだん慣れてくる。気にならなくなってくる。衣服の一部のようになる。

飲み疲れ、歩き疲れて、夜空と陸とのあいだに横たわる。秋になれば冷気にからかわれ、長く寝ていられない。野宿者の眠りは浅い。

こういうの、どこかで読んだことあるな。

うっすらと、自覚はあった。それはたとえば、内田百閒『旅順入城式』であったり、嘉村礒多『崖の下』であったり、野呂邦暢『草のつるぎ』であったり、吾妻ひでお『失踪日記』であったり、あるいはドストエフスキー『罪と罰』であった。

自分と社会とをつなぐ糸が、だんだん頼りなくなってくる。もういちど、人間の住む世界に戻ってこられたのは、これらの本を読んでいたからだと思う。自分を、作品中の登場人物のように、ながめられた。客観視できた。糸が、切れなかった。

じつを言うと、この文章を書いているいまのいま、世間との糸が心細くなっているのを自覚している。人間の顔を見るのが、億劫になっている。けものと、風の音しかいない山奥で、一人きりでいるときのほうが、大きく息を吸える。独り言が多くなった。自分の顔が、人間らしい顔つきから離れてきているのかもしれない。というより、長いこと、鏡を見ていない。

それでも、まだこうして文章は書いている。人間社会とつながっている。もうしばらくは、生きているんじゃないかと思う。

まだ、本を読んでいるからだ。

本は、糸だ。人を、世界につなぐ、かすかな機縁《えにし》だ。

本書は『三行で撃つ 〈善く、生きる〉ための文章塾』の続編として企画された。前著が書くこと=アウトプットの方法論だとすれば、本書は読むこと=インプットの方法を書いた、実用書を目指したつもりだったが、実用からだんだんそれていく。うわごとのようなことを書き始めた。その意味でも、姉妹編になっている。興味のある方は、前著もお読みいただけるとうれしく思う。

同じチームが仕事をしてくれた。新井大輔さんには、まるで「A Night at the Opera」と「A Day at the Races」のアルバムジャケットのような、前著と対をなす表紙をデザインしていただいた。本望和孝さんら鉄壁の校閲チームにどれだけ助けられたか。とりわけ、編集

Lilyこと田中里枝さんの、本作りにかける変わらぬ熱情・愛情に、感謝する。

二〇二三年一月一日未明

近藤康太郎

引用・参考文献

引用文献＝＊／参考文献＝†
別の翻訳が存在する作品や、別の版元から刊行されている作品があります。

＊H・アーレント『全体主義の起原3』大久保和郎／大島かおり訳、みすず書房［新装］、一九八一

＊芥川龍之介「芋粥」『芥川龍之介全集　第一巻』岩波書店、一九七七

†浅田彰『構造と力　記号論を超えて』勁草書房、一九八三

†アルク英語出版編集部『究極の英単語SVL（Vol.1〜4）』アルク、二〇〇六〜二〇〇七

†池内了編著『これだけは読んでおきたい　科学の10冊』（岩波ジュニア新書）岩波書店、二〇〇四

＊石川淳「雑文について」『文學大概』（中公文庫）中央公論社、一九七六

＊井伏鱒二『厄除け詩集』（講談社文芸文庫）講談社、一九九四

＊L・ウィトゲンシュタイン『ウィトゲンシュタイン全集6：青色本・茶色本他』大森荘蔵／杖下隆英訳／『同8：哲学探究』藤本隆志訳、大修館書店、一九七五〜一九七六

＊L・ウィトゲンシュタイン『論理哲学論考』野矢茂樹訳、（岩波文庫）岩波書店、二〇〇三

＊上田秋成『胆大小心録』重友毅校訂、（岩波文庫）岩波書店、一九三八

†上田敏『海潮音　上田敏訳詩集』（新潮文庫）新潮社、一九五二

†I・ウォーラーステイン『近代世界システム（I〜IV）』川北稔訳、名古屋大学出版会、二〇一三

†宇野弘蔵『経済学大系1：経済学方法論』東京大学出版会、一九六二

＊S・エイゼンシュテイン『エイゼンシュテイン全集　第1部：人生におけるわが芸術　第1巻：自伝のための回想録』エイゼンシュテイン全集刊行委員会訳、キネマ旬報社、一九七三

†大西巨人『神聖喜劇（第一〜五巻）』（光文社文庫）光文社、二〇〇二

†大西巨人『三位一体の神話（上）』（光文社文庫）光文社、二〇〇三

＊小川洋子『ミーナの行進』中央公論新社、二〇〇六

†加藤周一『日本文学史序説（上・下）』（ちくま学芸文庫）筑摩書房、一九九九

†加藤典洋『小説の未来』朝日新聞社、二〇〇四

＊柄谷行人『トランスクリティーク　カントとマルクス』批評空間、二〇〇一

†柄谷行人／浅田彰／岡崎乾二郎／奥泉光／島田雅彦／絓秀実／渡部直己『必読書150』太田出版、二〇〇二

†川添愛『言語学バーリ・トゥード：Round1 AIは「絶対に押すなよ」を理解できるか』東京大学出版会、二〇二一

†I・カント『純粋理性批判（上・中・下）』篠田英雄訳、（岩波文庫）岩波書店、一九六一〜一九六二

†N・クライン『ショック・ドクトリン　惨事便乗型資本主義の正体を暴く（上・下）』幾島幸子／村上由見子訳、岩波書店、二〇一一

†桑原武夫『文学入門』（岩波新書）岩波書店、一九五〇

†N・ゴーゴリ『外套・鼻』平井肇訳、（岩波文庫［改版］）岩波書

店、二〇〇六
＊小林秀雄「文科の学生諸君へ」『小林秀雄全集　第三巻：私小説論』新潮社［新訂］、一九七八
†佐藤愛子『戦いすんで日が暮れて』講談社、一九六九
＊佐藤春夫『車塵集・ほるとがる文』（講談社文芸文庫）講談社、一九九四
†M・サド『悪徳の栄え（上・下）』澁澤龍彦訳、（河出文庫）河出書房新社、一九九〇
＊J・D・サリンジャー『ライ麦畑でつかまえて』野崎孝訳、白水社［新装版］、一九八五
＊J・P・サルトル『嘔吐』白井浩司訳、人文書院［改訳新装版］、一九九四
†＊W・シェイクスピア『シェイクスピア全集10：ハムレット』／『同12：リア王』福田恆存訳、新潮社、一九五九〜一九六二
＊篠田一士『読書の楽しみ』構想社、一九七八
†柴田錬三郎『三国志　英雄ここにあり（上・中・下）』（講談社文庫）講談社、一九七五
†司馬遼太郎『燃えよ剣（上・下）』（新潮文庫）新潮社、一九七二
＊清水幾太郎『本はどう読むか』（講談社現代新書）講談社、一九七二
＊清水哲男「不思議な国のブッチャー」『現代詩文庫68：清水哲男』思潮社、一九七六
†C・シュミット『政治神学』田中浩／原田武雄訳、未来社、一九七一
†M・ショーロホフ『静かなドン（1〜8）』横田瑞穂訳、（岩波文庫）岩波書店、一九五九
†J・L・シング「百万人の科学概論」『世界教養全集29：百万人の科学概論・科学と実験の歴史・物とは何か・自然現象と奇跡』市井三郎訳、平凡社、一九六一
＊杉田玄白「蘭学事始」『世界教養全集17：日本文化史研究・黒船前後・蘭学事始・おらんだ正月』緒方富雄訳、平凡社、一九六三
†B・スピノザ『エチカ　倫理学（上・下）』畠中尚志訳、（岩波文庫［改訳］）岩波書店、一九七五
＊世阿弥『風姿花伝』野上豊一郎／西尾実校訂、（岩波文庫）岩波書店、一九五八
†L・F・セリーヌ『夜の果てへの旅（上・下）』生田耕作訳、（中公文庫［新装版］）中央公論新社、二〇〇二
†M・セルバンテス『ドン・キホーテ（前篇一〜三／後篇一〜三）』牛島信明訳、（岩波文庫）岩波書店、二〇〇一
†E・ゾラ『ジェルミナール（上・中・下）』安士正夫訳、（岩波文庫）岩波書店、一九五四
＊太宰治「正義と微笑」『太宰治全集　第五巻』筑摩書房、一九七一
＊田山花袋「蒲団」『蒲団・一兵卒』（岩波文庫）岩波書店、二〇〇二
†ダンテ・A『神曲：地獄篇／天國篇／煉獄篇』中山昌樹訳、洛陽堂、一九一七／『世界文學全集（1）：神曲』生田長江訳、新潮社、一九二九／『神曲：（上）地獄／（中）浄火／（下）天堂』山川丙三郎訳、（岩波文庫）岩波書店、一九五二〜一九五八／『神曲：地獄篇／煉獄篇／天国篇』寿岳文章訳、（集英社文庫）集英社、二〇〇三／『神曲：地獄篇／煉獄篇／天国篇』平川祐弘訳（河出文庫）河出書房新社、二〇〇八〜二〇〇九
＊A・チェーホフ「六号室」『チェーホフ全集9』神西清／池田健太郎／原卓也訳、中央公論社、一九六〇
†千葉雅也『現代思想入門』（講談社現代新書）講談社、二〇二二
＊辻征夫「引退した怪人二十面相は招き猫に似てる」『現代詩文庫181：続続・辻征夫』思潮社、二〇〇六
＊A・ディラード『本を書く』柳沢由実子訳、パピルス、一九九六
＊A・デュマ『モンテ・クリスト伯（一）』山内義雄訳、（岩波文庫）岩波書店、一九五六
＊J・デリダ『根源の彼方に　グラマトロジーについて（上・下）』

足立和浩訳、現代思潮社、一九七二
†G・ドゥルーズ／F・ガタリ『アンチ・オイディプス　資本主義と分裂症』宇野邦一訳、（河出文庫）河出書房新社、二〇〇六
†F・ドストエフスキー『罪と罰（上・下）』米川正夫訳、（角川文庫［改版］）角川書店、二〇〇八
†L・トルストイ『戦争と平和（一〜四）』工藤精一郎訳、（新潮文庫［改版］）新潮社、二〇〇五〜二〇〇六
†＊夏目漱石「坊っちゃん」『漱石全集第一巻：坊っちゃん他』／「吾輩は猫である」『同第二巻：吾輩は猫である他』／「草枕」『同第三巻：草枕・二百十日他』／「三四郎」『同第六巻：三四郎他』／「門」『同第八巻：門他』／「行人」『同第十巻：行人他』／「こゝろ」『同第十一巻：こゝろ他』／「明暗」『同第十三巻：明暗』角川書店、一九六〇〜一九六一
＊V・ナボコフ『ヨーロッパ文学講義』野島秀勝訳、TBSブリタニカ［新装版］、一九九二
＊野呂邦暢「赤鉛筆を使わずに…」『野呂邦暢小説集成4：冬の皇帝』文遊社、二〇一四
†M・ハイデガー『存在と時間（上・中・下）』桑木務訳、（岩波文庫）岩波書店、一九六〇〜一九六三
†埴谷雄高『死霊（I〜III）』（講談社文芸文庫）講談社、二〇〇三
†D・ハメット『マルタの鷹』小鷹信光訳、（ハヤカワ・ミステリ文庫［改訳決定版］）早川書房、二〇一二
†T・ピンチョン『ヴァインランド』佐藤良明訳、新潮社、一九九八
＊A・プーシキン「エヴゲーニイ・オネーギン」『プーシキン全集2：オネーギン・物語詩II』木村彰一／川端香男里／福岡星児訳、河出書房新社、一九七二
†G・ブクテル／J・C・カリエール『万国奇人博覧館』守能信次訳、筑摩書房、一九九六
†二葉亭四迷「浮雲」『明治の文学　第5巻：二葉亭四迷』坪内祐三編、筑摩書房、二〇〇〇
†M・プルースト『失われた時を求めて（1〜13）』鈴木道彦訳、（集英社文庫ヘリテージシリーズ［完訳版］）集英社、二〇〇六〜二〇〇七
＊E・フロム『愛するということ』鈴木晶訳、紀伊國屋書店［改訳・新装版］、二〇二〇
†G・W・F・ヘーゲル『精神現象学（上・下）』熊野純彦訳、（ちくま学芸文庫）筑摩書房、二〇一八
†H・ヘッセ『世界文学をどう読むか』高橋健二訳、（角川文庫）角川書店、一九六一
†E・ヘミングウェイ『武器よさらば』大久保康雄訳、（新潮文庫［改版］）新潮社、一九七八
＊T・ホッブズ『リヴァイアサン（三）』水田洋訳、（岩波文庫）岩波書店、一九八二
†堀口大學『訳詩集　月下の一群』（岩波文庫）岩波書店、二〇一三
†堀辰雄「風立ちぬ」『風立ちぬ・美しい村』（新潮文庫）新潮社、一九五一
†M・ホルクハイマー／T・アドルノ『啓蒙の弁証法　哲学的断想』徳永恂訳、（岩波文庫）岩波書店、二〇〇七
＊N・マキアヴェッリ『君主論』河島英昭訳、（岩波文庫）岩波書店、一九九八
†K・マルクス『資本論（一〜九）』エンゲルス編／向坂逸郎訳、（岩波文庫）岩波書店、一九六九〜一九七〇
†A・マルロー『人間の条件（上・下）』小松清／新庄嘉章訳、（新潮文庫）新潮社、一九五一
＊T・マン『魔の山』関泰祐／望月市恵訳、（岩波文庫）岩波書店、一九六二
†三浦雅士編『この本がいい　対談による「知」のブックガイド』（講談社）、一九九三

† 三上章『象は鼻が長い　日本文法入門』くろしお出版［改訂増補版］、一九六九

＊ 三島由紀夫『私の遍歴時代』（ちくま文庫）筑摩書房、一九九五

† H・ミラー『セクサス（上・下）』大久保康雄訳、（新潮文庫）新潮社、一九七〇

＊ R・ムージル『ムージル著作集　第二巻：特性のない男Ⅱ』加藤二郎訳、松籟社、一九九二

† 武藤徹『武藤徹の高校数学読本1：数と計算のはなし【代数篇】』日本評論社、二〇一一

† 村上春樹『ノルウェイの森（上・下）』（講談社文庫）講談社、二〇〇四

＊ 村上春樹『風の歌を聴け――Hear the Wind Sing』A・バーンバウム訳、（講談社英語文庫）講談社インターナショナル、一九八七

† H・メルヴィル『白鯨（上・中・下）』八木敏雄訳、（岩波文庫）岩波書店、二〇〇四

† W・S・モーム『世界の十大小説（上・下）』西川正身訳、（岩波新書）岩波書店、一九五八～一九六〇

† 森鷗外『青年』（新潮文庫）新潮社、一九四八

† J・P・ヤコブセン『死と愛　ニイルス・リイネ』山室静訳、（角川文庫）角川書店、一九五一

† 吉川英治『新・水滸伝（一～四）』（吉川英治歴史時代文庫）講談社、一九八九

† 渡部直己『私学的、あまりに私学的な　陽気で利発な若者へおくる小説・批評・思想ガイド』ひつじ書房、二〇一〇

＊ 『易経（上）』高田真治／後藤基巳訳、（岩波文庫）岩波書店、一九六九

＊ 『古今和歌集』佐伯梅友校注、（岩波文庫）岩波書店、一九八一

＊ 『徒然草』西尾実／安良岡康作校注、（岩波文庫）岩波書店、一九二八

＊ The Beatles. "Dig It." *Let It Be*. UK: Apple Records. 1970.

＊ The Beatles. "Across the Universe." *No One's Gonna Change Our World*. UK: Regal Starline. 1969.

＊ Dylan, Bob. "Don't Think Twice, It's All Right." *Blowin' in the Wind / Don't Think Twice, It's All Right*. US: Columbia. 1963.

＊ Maugham, W.Somerset. "The Breadwinner." *The Breadwinner, a Comedy*. Hassell Street Press. 2021.

＊ Murakami, Haruki. "Escucha la canción del viento." *Escucha la canción del viento y Pinball 1973*. Translated by Lourdes Porta Fuentes. Barcelona: Tusquets Editores. 2015.

＊ Natsume, Soseki. *The Gate*. Translated by Francis Mathy. London: Peter Owen Publishers. 1972.

＊ Natsume, Soseki. *The Wayfarer*. Translated by Beongcheon Yu. New York: Wayne State University Press. 1967.

† Richards, Keith. *Life*. Boston: Little Brown and Company. 2010

＊ Vonnegut, Kurt. *A Man Without a Country*. New York: Random House Trade Paperbacks. 2007.

† 京都大学文学部「西洋文学この百冊」
https://edb.kulib.kyoto-u.ac.jp/wl/index.html

百冊選書

著者自身が読んだ出版社、または版ではなく、現在新刊で手に入りやすいもの、新しく訳し直されたものを優先してあげた。社会科学・自然科学篇は、古典そのものよりその入り口・参考書も初心者向けにあげた。いずれは古典そのものに挑戦してほしい（第8章）。

［海外文学］

1 M・セルバンテス
『ドン・キホーテ（前篇一～三／後篇一～三）』
牛島信明訳、（岩波文庫）岩波書店、二〇〇一

本を読みすぎて自らを遍歴の騎士と勘違いした郷士の悲喜劇。頭のおかしい主人に付き従うサンチョ・パンサが、どんどん哲学者然としていく。

2 W・シェイクスピア
『マクベス』
福田恆存訳、（新潮文庫）新潮社、一九六九

シェイクスピアは、四大悲劇くらいはすべて読んでおきたいところ。新訳でももちろんいいが筆者の好みで少し古い訳を。粋な啖呵の連続。人生は哀れな影法師。

3 E・ブロンテ
『嵐が丘（上・下）』
小野寺健訳、（光文社古典新訳文庫）光文社、二〇一〇

荒涼たる悲恋物語。人間離れしたヒースクリフの執念深さ、復讐心、愛情の強さに圧倒される。ページを繰る手が止まらないという常套句はこの本のために。

4 C・ディケンズ
『デイヴィッド・コパフィールド（1～4）』
中野好夫訳、（新潮文庫）新潮社、一九六七

ディケンズの半自伝的な代表作。不遇の少年が艱難辛苦の末、成長していく物語。登場人物の造形が秀逸。悪漢ユーライア・ヒープはハード・ロック・バンド名に。

5 V・ウルフ
『灯台へ』
御輿哲也訳、（岩波文庫）岩波書店、二〇〇四

エゴイスティックな男の名誉欲、仕事欲に、すべてを捧げて尽くす女たち。本リストが男ばかりになってしまったのも、女性の才能の抑圧の結果だ。ふざけるな。

6
H・バルザック
『ゴリオ爺さん』
中村佳子訳、（光文社古典新訳文庫）光文社、二〇一六

バルザックはどれもおもしろい。資本主義社会の風俗をリアルに描く。同時代のスタンダール『赤と黒』もぜひ。心理小説の嚆矢《こうし》。風俗小説と心理小説、両者を合わせたのがプルースト。

7
G・フローベール
『ボヴァリー夫人』
芳川泰久訳、（新潮文庫）新潮社、二〇一五

田舎の生活に倦んだエマ・ボヴァリーは、夫を裏切り、遊び人に体を許す。奢侈から借金に追われ、やがて……。エマを追い詰めたものは何か。〝いい人〟である。

8
V・ユゴー
『レ・ミゼラブル（1〜5）』
佐藤朔訳、（新潮文庫）新潮社、一九六七

ミュージカルなどでおなじみ。大衆受けするせいか文学的古典としては軽く見られるきらいもあるが、単純に「お話」としてずば抜けておもしろい。

9
R・ローラン
『ジャン・クリストフ（1〜4）』
豊島与志雄訳、（岩波文庫）岩波書店、一九八六

反ファシズムのノーベル文学賞作家。最近はさっぱりだが、昔はたいへんよく読まれた大作。各巻の終わりごろ、異常な盛り上がりはベートーベンの交響曲と同じ。

10
A・カミュ
『ペスト』
中条省平訳、（光文社古典新訳文庫）光文社、二〇二一

コロナ禍で再びよく読まれるようになった。大傑作。主人公の医師はなぜ、自分の命を賭してまで、人を救おうとするのか。「共感」である。

11
L・F・セリーヌ
『夜の果てへの旅（上・下）』
生田耕作訳、（中公文庫［新装版］）中央公論新社、二〇二一

反ユダヤ的な言説で社会から抹殺され死んだ。反ユダヤではない。反戦争なのだということが分かる。「夜の果て」へ行かなければならない。わたしも。

12
J・W・v・ゲーテ
『ファウスト（第一・二部）』
池内紀訳、（集英社文庫ヘリテージシリーズ）集英社、二〇〇四

新訳で読みやすい。第一部は老いと恋愛を描く。難解な第二部も、貨幣という魔法を振り回す経済人ファウストとして読むと理解できる。森鷗外のも名訳。

13
E・T・A・ホフマン
『黄金の壺／マドモワゼル・ド・スキュデリ』
大島かおり訳、（光文社古典新訳文庫）光文社、二〇〇九

ドイツロマン主義の代表作。大学生と、火の聖霊との恋を描く。最終章、この物語を書きあぐねている作者の元に、一通の不思議な手紙が届く。

14
T・マン
『魔の山（上・下）』
関泰祐／望月市恵訳、（岩波文庫）岩波書店、一九八八

最初は取っつきにくいが我慢して読むと、魔の山に吸い込まれていく。感動的なラストに至ってようやく分かる。山中のサナトリウムは、ヨーロッパのことだった！

15
F・カフカ
『審判』
池内紀訳、（白水Uブックス）白水社、二〇〇六

身に覚えのない罪で逮捕された銀行員は、嫌疑も分からず、審理だけが進んでいく。不条理小説の傑作だが、わたしたちが生きる世界が、そもそも不条理だ。

16
A・プーシキン
『大尉の娘』
坂庭淳史訳、（光文社古典新訳文庫）光文社、二〇一九

ロシア文学の父。すべてはここから始まった。分かりやすい筋、共感しやすい登場人物、決め台詞の数々。世界文学への入り口に最適。

17
N・ゴーゴリ
『鼻／外套／査察官』
浦雅春訳、（光文社古典新訳文庫）光文社、二〇〇六

チェーホフも、「ゴーゴリを読まなきゃならん」と書いた。芥川龍之介もよく読んでいたらしい。作家が惚れる作家。実験的だが難しくない。楽しく読める。

18
F・ドストエフスキー
『悪霊（1～3・別巻）』
亀山郁夫訳、（光文社古典新訳文庫）光文社、二〇一〇～二〇一二

ドストエフスキーは長編五作品すべて読んでいい。個人的な趣味で本作に。別巻「スタヴローギンの告白」は、第二部第八章の次に挟んで読まなければいけない。

19
L・トルストイ
『コサック　1852年のコーカサス物語』
乗松亨平訳、（光文社古典新訳文庫）光文社、二〇一二

大長編『戦争と平和』『アンナ・カレーニナ』を選ぶべきだが、短くて読みやすい本作に。そのかわりショーロホフ『静かなドン』も読んでほしい。

20
A・チェーホフ
『ワーニャ伯父さん／三人姉妹』
浦雅春訳、（光文社古典新訳文庫）光文社、二〇〇九

チェーホフの戯曲は数も多くないのですべて読んでいい。小説にも傑作が多く、中でも『決闘』はいつか手にしてほしい中編。

21
H・メルヴィル
『書記バートルビー／漂流船』
牧野有通訳、（光文社古典新訳文庫）光文社、二〇一五

『白鯨』といいたいところだが、メルヴィルの荘重な文体で途中挫折するくらいならこちらを。バートルビーはなぜ仕事を断るのか。資本主義の闇を剔抉。

22
M・トウェイン
『ハックルベリー・フィンの冒険（上・下）』
千葉茂樹訳、（岩波少年文庫）岩波書店、二〇一八

少年少女向けと侮ってはいけない。現代アメリカの明暗すべてが、フィンと、ミシシッピ川から始まった。文学も、政治も、音楽も、映画も。

23
E・ヘミングウェイ
『武器よさらば（上・下）』
金原瑞人訳、（光文社古典新訳文庫）光文社、二〇〇七

文句なし世紀の傑作。はまった人は『誰がために鐘は鳴る』『日はまた昇る』。さらにブコウスキー『パルプ』、ジム・トンプスン『おれの中の殺し屋』へ一気に。

24
J・スタインベック
『怒りの葡萄（上・下）』
伏見威蕃訳、（新潮文庫）新潮社、二〇一五

環境破壊、金融資本主義の凶暴、移民、格差。驚くほど現代と通底する古典。ディランやスプリングスティーンも、これを読まなければ本当には分からない。

25
J・D・サリンジャー
『キャッチャー・イン・ザ・ライ』
村上春樹訳、白水社、二〇〇三

『ライ麦畑でつかまえて』（野崎孝）も名訳。そこは好みで。本書からアーヴィング、オースター、カーヴァー、ピンチョン、モリスンら現代米文学の沃野へ。

26
G・ボッカッチョ
『デカメロン（上・中・下）』
平川祐弘訳、（河出文庫）河出書房新社、二〇一七

ペストが迫り来るフィレンツェを逃れた郊外で男女十人が十日にわたって語り通すお話。物語の原型がある。死と性の影が濃い。

27 **A・タブッキ**
『供述によるとペレイラは……』
須賀敦子訳、（白水Uブックス）白水社、二〇〇〇

ファシスト政権下の恐怖社会で、小さな抵抗を試みる中年文芸編集者。息が詰まる緊迫感だが、食の描写を読んでいるだけでポルトガルの明るい空も広がる。

28 **W・ゴンブローヴィッチ**
『トランス＝アトランティック』
西成彦訳、国書刊行会、二〇〇四

こんなくだらない世界（船）からは、とっとと下船するのだ。すたすた行け。後ろを振り返るな。そうだ、すたすただ！　永遠の洟垂れとして、生きる。

29 **O・パムク**
『雪（上・下）』
宮下遼訳、（ハヤカワepi文庫［新訳版］）早川書房、二〇一二

トルコのノーベル文学賞作家。詩人Kaと巡る政治、宗教、あこがれの美女。人生は、恋をして幸せになる以外、互いに関係のないとりとめのなさで成り立つ。

30 **G・G・マルケス**
『ガルシア＝マルケス中短篇傑作選』
野谷文昭訳（河出文庫）河出書房新社、二〇二二

『百年の孤独』『族長の秋』など大長編に入る準備。「大佐に手紙は来ない」など、事件が起きそうでなにも起きない、しかし不吉な予兆は無限大のマルケス迷宮。

［日本文学］

31 **『平家物語　全訳注（一〜四）』**
杉本圭三郎訳、（講談社学術文庫［新版］）講談社、二〇一七

意味が分からなくても音読が気持ちいい。清盛はなぜ、かつて愛した祇王を追い詰めたのか。『人間の条件』（マルオー）を超えようとした権力者の狂気。

32 **森鷗外**
『森鷗外全集1　舞姫／ヰタ・セクスアリス』
（ちくま文庫）筑摩書房、一九九五

鷗外は笑える。収録の「鶏」をまず読んでほしい。たった一杯のたらいの湯を、鍛錬と節制と諧謔とで大事に使い切る。それは鷗外の文学的人生と同じだった。

33
泉鏡花
『夜叉ケ池・天守物語』
（岩波文庫）岩波書店、一九八四

日本語を読める人間が鏡花を読まないのはあまりにもったいないといったのは中島敦。音読すればなんとか読める。坂東玉三郎主演の同名映画も傑作。

34
樋口一葉
『にごりえ・たけくらべ』
（新潮文庫［改版］）新潮社、二〇〇三

美文で、これ以上ない悲惨・貧困・格差社会を描く。悲劇もあまりに美しく書くと、妖しくなる。難しいが、音読で突破するしかない。

35
田山花袋
『蒲団・一兵卒』
（岩波文庫）岩波書店、二〇〇二

名前とあらすじだけ知られて読まれていない名作。「自然主義の代表」などという大学入試的知識はどうでもよい。併収の「一兵卒」もいい。露骨。リアル。真実。身もふたもない。

36
夏目漱石
『それから』
（岩波文庫［改版］）岩波書店、一九八九

漱石は全作品を読む。読み慣れない人はまずは『坊っちゃん』、次に本作か。分かりやすい事件が起きる。日本語の可能性に耽溺する。

37
芥川龍之介
『羅生門・鼻・芋粥・偸盗』
（岩波文庫［改訂版］）岩波書店、二〇〇二

今昔物語、宇治拾遺物語に想を得た、いずれも分かりやすい短編。分かりやすいが、簡単ではない。分かりやすく読んではいけない。読書は、読者の人格そのもの。

38
中島敦
『李陵・山月記』
（新潮文庫）新潮社、一九六九

夭逝の作家。作品じたい少ないので、全集を読んで憑依される練習をするのもいい。収録の「名人伝」は鏡花から。

39
有島武郎
『或る女』
（新潮文庫）新潮社、一九九五

美貌で才気あふれる主人公が、夫、婚約者を捨て、謎多き偉丈夫と恋に落ちる。その果てに待つ運命は……。愛も憎もない、人は、流れるべきところへ流れていく。

40
志賀直哉
『小僧の神様　他十篇』
（岩波文庫〔改版〕）岩波書店、二〇〇二

志賀直哉の文章は平明で、かつ、分かりにくい小説家でもある。収録の「たき火」は、何度読んでも不思議な深度を増す。読むと、分からなくなる。

41
内田百閒
『冥土・旅順入城式』
（岩波文庫）岩波書店、一九九〇

漱石の弟子で、漱石「夢十夜」のような怪異譚が並ぶ。生と死の境目が危うげな文章。どれも「水を浴びたように」ぞっとする。それも、あとからくる。

42
宮沢賢治
『宮沢賢治童話集
注文の多い料理店　セロひきのゴーシュ』
たちもとみちこ絵
（角川つばさ文庫）KADOKAWA、二〇一〇

児童書だが、表題作や「なめとこ山の熊」「どんぐりと山ねこ」、どれも草深い山に足を踏み入れるような恐怖がある。猟師になって、汗で分かった。

43
川端康成
『伊豆の踊子』
（新潮文庫〔新版〕）新潮社、二〇二二

やや難解な耽美派の作家だが、何度も映画化された本作から入門。踊り子の「いい人ね」、船の中で涙に濡れるラストなど、素直に心動かされる。善く、生きる。

44
横光利一
『機械・春は馬車に乗って』
（新潮文庫）新潮社、一九六九

工員の心理を精妙に描いた「機械」など短編を収録。「春は馬車に乗って」の、切なく、いとおしく、風に飛んでしまいそうな、はかない命、文章。

45
谷崎潤一郎
『春琴抄』
（新潮文庫）新潮社、一九五一

盲目の三味線師匠春琴に仕える奉公人佐助の一人語り。自らも目をつぶすに至る献身。見えなくなったほうが、世界がよく見える。

46
夢野久作
『ドグラ・マグラ（上・下）』
（角川文庫）KADOKAWA、一九七八

世紀の奇書。精神病棟で目覚めた青年が治療のために読まされる文書という体裁。首尾一貫性のなさ、どんどん本筋を外れるエネルギーはサン・ラ的スペイシー文学。

47
中野重治
『村の家・おじさんの話・歌のわかれ』
（講談社文芸文庫）講談社、一九九四

プロレタリア文学運動にかかわったが、検挙され転向。帰郷した息子に「筆を折れ」と言う父親の声は、すべての表現者の頭上にのしかかる。「春さきの風」もいい。

48
太宰治
『お伽草子』
（新潮文庫［改版］）新潮社、二〇〇九

自虐太宰もいいが、笑える太宰はもっといい。浦島太郎やカチカチ山など日本のおとぎ話を大胆に読み替えて生き返らせる。惚れたが悪いか！

49
坂口安吾
『堕落論・日本文化私観　他二十二篇』
（岩波文庫）岩波書店、二〇〇八

大笑い日本文学の大家。風刺や皮肉や冷笑ではなく、ただの笑い。ファルス。人生を肯定し、肯定し、そのまたついでに肯定する、孤独で強い、笑い。

50
大岡昇平
『野火』
（新潮文庫）新潮社、一九五四

戦争文学の大傑作。遠い南の島を重い装備でうろつき回り、飢え死にせんとする。実体験した著者でなければ書けない極限的な文章が、えせ愛国者を撃つ。

51
武田泰淳
『富士』
（中公文庫［改版］）中央公論新社、二〇一八

戦時中の精神病院を舞台にする大作。「宮様」を自称する患者の美青年ら患者たち、医師、憲兵、美貌の人妻、百姓ら濃いキャラクターが繰り広げるポリフォニー。

52
埴谷雄高
『死霊（Ⅰ〜Ⅲ）』
（講談社文芸文庫）講談社、二〇〇三

精神病棟を訪ねる青年と医師の対話から、哲学世界に引きずり込まれる。最終盤、イエス・キリストを問責するくだりは、圧巻の深さがある。

53
三島由紀夫
『仮面の告白』
（新潮文庫［新版］）新潮社、二〇二〇

煮え切らない、男らしくない、好悪のはっきりしない、そんな人間には死んでもなりたくないと鍛錬してきた主人公が、切ない。わたしのせいじゃないのだ！

54
ちばてつや
『あしたのジョー（1〜12）』
高森朝雄原作、（講談社漫画文庫）講談社、二〇〇〇

燃えて燃えて燃え尽きて、まっ白な灰になる。ちんまりおとなしい幸せを拒絶する。世人ではない。「死へと向かう存在」（ハイデガー）として生きる。かっこいい。かっこよすぎる。かっこよすぎるとは、かっこ悪いことじゃないのか、ジョーよ！

55
大西巨人
『神聖喜劇（第一〜五巻）』
（光文社文庫）光文社、二〇〇二

現代日本語による世界文学の金字塔。超人的な記憶力を武器に軍隊組織への反抗を試みる主人公。ラスト、春の浅茅《あそう》湾の描写。新しい戦いへ、深い感動を呼ぶ。

56
野呂邦暢
『諫早菖蒲日記』
梓書院［新装版］、二〇一〇

故郷の長崎・諫早で終生書き続けた作家。戦争もの、時代もの、現代家庭小説とどれもいい。端正な日本語と正確な描写は、はまると癖になる。

57
大江健三郎
『万延元年のフットボール』
（講談社文芸文庫）講談社、一九八八

はまると癖になる文体ナンバーワン。谷川俊太郎の詩に導かれ、禁忌の告白に至る「物語」。大江の本を読むと、猛烈に本を読みたくなる、という徳もある。

58
村上春樹
『風の歌を聴け』
（講談社文庫）講談社、二〇〇四

デビューの本作から『世界の終りとハードボイルド・ワンダーランド』まではよく読んでいた。清潔な文体と、深い哲学。あと料理。音楽。トレーニング。ビール。

59
金井美恵子
『噂の娘』
（講談社文庫）講談社、二〇〇四

父が入院、母は「私」と弟を美容院の女たちに預け姿を消す。「私」のよるべなさが、読者に切りつける。「私」とはいったいだれか、ラスト、胸が張り裂ける。

60
吉本ばなな
『アムリタ（上・下）』
（新潮文庫）新潮社、二〇〇二

家族、旅、食、スピリチュアル。吉本文学の魅力がつまって、平易な文章で書かれた代表作。よく分からなくていい。大切なものは、分かった瞬間から消えていく。

［社会科学・自然科学］

61 **プラトン**
『ソクラテスの弁明』
納富信留訳、（光文社古典新訳文庫）光文社、二〇一二

なぜソクラテスは処刑されねばならなかったのか。読んでも、たぶん分からない。分からなくてもいい。が、参考にたとえば柄谷行人『力と交換様式』第一部第四章。

62 **アリストテレス**
『詩学』
三浦洋訳、（光文社古典新訳文庫）光文社、二〇一九

政治、哲学、自然科学、芸術論、何でも知っているアリストテレス。百冊読書家も、目指すのはそこだ。でかいこと言っているが。

63 **L・ダ・ヴィンチ**
『レオナルド・ダ・ヴィンチの手記（上・下）』
杉浦明平訳、（岩波文庫）岩波書店、一九五四〜一九五八

ルネサンスの大天才の箴言《しんげん》集。全部分からなくてよい。分かったらおかしい。自分に刺さるいくつかの言葉を見つけただけで、一生の宝。

64 **N・マキアヴェッリ**
『君主論』
河島英昭訳、（岩波文庫）岩波書店、一九九八

目的のためには手段を選ばない。権謀術数。それがマキャベリズムと思って読むとおもしろくない。生きる。それだけでしんどいのはあたりまえ。そのアイデア集。

65 **R・デカルト**
『方法序説』
山田弘明訳、（ちくま学芸文庫）筑摩書房、二〇一〇

われ思う、ゆえにわれあり。世界一有名な哲学的啖呵だが、この主体概念、コギトはのち大きな批判の対象となる。批判するためにもまず本家を。薄いのでいける。

66 **仲正昌樹**
『今こそルソーを読み直す』
（生活人新書）ＮＨＫ出版、二〇一〇

ルソーはベストセラーも出していて読みやすいが、明晰な参考書で準備運動を。その後『社会契約論』『言語起源論』『人間不平等起源論』『告白』に進む。

67 **御子柴善之**
『自分で考える勇気　カント哲学入門』
（岩波ジュニア新書）岩波書店、二〇一五

ほかに石川文康『カント入門』もおすすめ。目標はカント『純粋理性批判』『永遠平和のために』。カントを読むと、「考えてもしかたないこと」を析出できる。

68
竹田青嗣／西研
『完全読解　ヘーゲル「精神現象学」』
（講談社選書メチエ）講談社、二〇〇七

目指すはヘーゲル『精神現象学』。ヘーゲルは、カントがいったん息の根を止めた哲学にいま一度、息を吹き込んだ。おもしろくした。「自我」を初めて考えた。

69
斎藤幸平
『人新世の「資本論」』
（集英社新書）集英社、二〇二〇

マルクス『資本論』を読む準備。資本主義はなにを代償に稼働するか。資本論解説では浜林正夫『「資本論」を読む』。搾取だけなら中沢新一『緑の資本論』で。

70
F・W・ニーチェ
『ツァラトゥストラかく語りき』
佐々木中訳、（河出文庫）河出書房新社、二〇一五

難解なニーチェもこれならば読める。短い文章の箴言集で、突き刺さる言葉は必ずある。ただし、かっこよさに、安易に飲み込まれないように注意。

71
R・アッピグナネッセイ
『FOR BEGINNERS　フロイト』
O・サーラティ イラスト／加瀬亮志訳、現代書館、一九八〇

漫画で解説もの。シリーズのほかの本は生煮えの解説でかえって混乱するものもあるが、本書は秀逸。ここから目指すはフロイト『夢判断』や『自我論集』。

72
M・ヴェーバー
『プロテスタンティズムの倫理と資本主義の精神』
大塚久雄訳、（岩波文庫）岩波書店、一九八九

高校世界史レベルの知識とキリスト教の最低限の常識があれば読み通せる。どうしても難しければ解説本はたくさん出ている。

73
丸山圭三郎
『ソシュールの思想』
岩波書店、一九八一

ソシュールの言語論は革命的で『一般言語学講義』は、いつかは挑戦したい。卓越した解説として評価が高いのが本書。第一部だけ読むのでもいい。

74
木田元
『ハイデガー「存在と時間」の構築』
（岩波現代文庫）岩波書店、二〇〇〇

二十世紀最大の哲学書『存在と時間』は三分の二が未完だった。何を書くはずだったかを考察すると、この難解な書物の意味もおぼろげに分かってくる。

75
橋爪大三郎
『はじめての構造主義』
（講談社現代新書）講談社、一九八八

レヴィ＝ストロース、バルト、ラカン、フーコー、デリダ、ドゥルーズの主著を読む準備。内田樹『寝ながら学べる構造主義』、岡本裕一朗『フランス現代思想史』もいい。

76
L・ウィトゲンシュタイン
『反哲学的断章　文化と価値』
丘沢静也訳、青土社、一九九九

箴言集。これ一冊を読んでウィトゲンシュタインを分かった気になってはいけないのだが、入門にはいい。哲学史随一の名文家。目指すは『哲学探究』。

77
アラン
『幸福論』
神谷幹夫訳、（岩波文庫）岩波書店、一九九八

哲学と聞いて腰が引けてしまう人は、アランから始めるのがもっともよい。幸福を哲学するとこうなる。愛を哲学すると、フロム『愛するということ』。

78
H・アーレント
『全体主義の起原（1〜3）』
大久保和郎／大島通義／大島かおり訳、みすず書房［新版］、二〇一七

歴史の話なのでがんばれば読める。ナチズム、ファシズム、スターリニズムの第三巻だけでもよい。全体主義がいちばん恐れるもの。それは自発。

79
I・ウォーラーステイン
『近代世界システムI』
川北稔訳、名古屋大学出版会、二〇一三

これも世界史の話なのでがんばればいける。資本主義はいつ、どこで生まれたか。なぜ生まれたか。それは、奴隷や農奴よりも効率的に搾取するためだった！

80
E・H・カー
『歴史とは何か』
近藤和彦訳、岩波書店［新版］、二〇二二

わたしたちの目の前でも、毎日、さまざまな事件が起きる。しかし、それがそのまま歴史にはならない。では歴史とは何か？　歴史修正主義と戦うための武器。

81
『小林秀雄講演（第一〜八巻）』
新潮社［新潮CD］、二〇〇四〜二〇一〇

反則だが講演録のCDを。小林の文章は難しいとされるが、講演は抜群におもしろい。ここから本居宣長、上田秋成、源氏物語に入っていければ反則した価値十分。

82
九鬼周造
『「いき」の構造』
藤田正勝全注釈、（講談社学術文庫）講談社、二〇〇三

ハイデガーに師事した哲学者。その書くものは明晰で分かりやすく、しかも深い。あまりに感動して、九鬼が眠る京都・法然院の墓参りにいった。

83
柳田国男
『遠野物語』
（新潮文庫）新潮社、二〇一六

何を読んでもいいが、よく知られた代表作で。わたしたちは何のために勉強するのか。本など読むのか。他者のためだ。柳田の仕事は、そのことを訴えかける。

84
花田清輝
『復興期の精神』
（講談社文芸文庫）講談社、二〇〇八

「ほんとうの謙虚さは、知識の限界をきわめることによってうまれてくる」。プラトン、ギリシャ悲劇からアインシュタインにまで口を出す。批評のサーカス。

85
柄谷行人
『力と交換様式』
岩波書店、二〇二二

畢生の大作。生産様式ではなく交換様式から世界史を読み直す。どん詰まり資本主義に未来はあるか？ ないよ。しかし希望は、向こうから、勝手にやってくる。

86
吉田洋一
『零の発見　数学の生い立ち』
（岩波新書）岩波書店、一九七九

ゼロは、インドで発見された。なぜインドだったか。そもそも、零なる存在とはなにか？ 無が、有るのか？ 文系にこそ、数学はおもしろい。

87
武藤徹
『武藤徹の高校数学読本（1〜6）』
日本評論社、二〇一一〜二〇一二

高校数学を、数式を忌避せず学び直したい人に最適な教科書。数式を飛ばして読んでもおもしろい。数学の本質は〈拡張〉、つまり自由になることだ。

88
A・アインシュタイン／L・インフェルト
『物理学はいかに創られたか（上・下）』
石原純訳、（岩波新書）岩波書店、一九六三

ガリレオ、ニュートンから相対性理論、量子力学へ。数式を使わず叙述する傑作。場の理論の説明が圧巻。わたしたちが本を読むのは、世界を違うふうに見るためだ。

89 J・V・ユクスキュル／G・クリサート
『生物から見た世界』
日高敏隆／羽田節子訳、（岩波文庫）岩波書店、二〇〇五

人間とはなにか。わたしたちはなぜ生きるか。疑問にとりつかれたら、文学より科学を読むのがいい。環世界の概念はハイデガー『存在と時間』にも影響を与えた。

90 奥本素子
『おしゃべり科学
ひと晩で理系になれる最先端科学講義集』
カンゼン、二〇一三

素粒子物理学、計算化学、行動生物学、電波天文学など最先端科学への格好の入門書。文系の筆者が、先端科学者へ切り込むさまは、わたしたちライターのお手本。

［詩集］

91 『日本名詩選（1〜3）』
西原大輔、笠間書院、二〇一五

近現代詩アンソロジー。ここで引っかかった詩人の個人詩集を買って読めば間違いない。巻末の詩人略歴が、褒めてるのかけなしてるのか。笑える不思議な本。

92 斎藤茂吉
『万葉秀歌（上・下）』
（岩波新書）岩波書店、一九六八

万葉集解釈の古典。一首について相当くわしく踏み込んだ解説を書いていて、深く読める。一日一首読むので十分。

93 『梁塵秘抄』
西郷信綱、（講談社学術文庫）講談社、二〇一七

平安時代末期に編まれた歌謡集。多くは七五調で、歌い出すリズムがある。「遊びをせんとや生れけむ」とは、なかの有名な一首。『閑吟集』も読みやすい。

94 与謝野晶子自選
『与謝野晶子歌集』
（岩波文庫）岩波書店、一九八五

天才歌人であり評論家でありジャーナリストであって、妻で母であった晶子。有名な「君死にたまふことなかれ」も単なる反戦歌でなかったことに注意。

95　金子みすゞ詩集

人気歌人で山ほど詩集は出ているのでどれをとってもよし。しかし生前は無名のまま。死後に再評価が進んだ人。

96　石垣りん詩集

人気詩人で山ほど詩集は出ているのでどれをとってもよし。生前は恵まれず、家族のために定年まで銀行で働いた。沖縄、女、仕事をうたった詩にのけぞる迫力。

97　『林ふじを句集　川柳みだれ髪』

復本一郎監修、ブラス出版、二〇一四

妻子ある男を愛した女性、子を持ち無償の愛を捧げる母、またその子を愛しきれない女の炎《ほむら》を歌う。三十四歳で夭逝。その生涯はほとんど知られていない。

98　『辻征夫詩集』

谷川俊太郎編、（岩波文庫）岩波書店、二〇一五

現代詩も辻から始めて天野忠、黒田三郎、菅原克己らライトバース、「荒地」の田村隆一、中桐雅夫らに進めば、もう抜けられない。「俳諧辻詩集」は図書館で探して。

99　O・ハイヤーム

『ルバイヤート』

小川亮作訳（岩波文庫［改版］）岩波書店、一九七九

酒と死を歌うのが詩。『アラブ飲酒詩選』、『唐詩選』もいい。日本からは『若山牧水歌集』。人生に酔えなくなったら、そのときは、お迎えが来たときだ。

100　Charles Bukowski.

『*The Last Night of the Earth Poems.*』

Ecco. 2002

ブコウスキーは詩もいい。単語は簡単で、最初の英語本に向いている。ディランでもストーンズでも、好きなミュージシャンの歌詞集を英語で読むのも楽しい。

近藤康太郎

（こんどう・こうたろう）

朝日新聞編集委員・天草支局長
作家／評論家／百姓／猟師／私塾塾長

1963年、東京・渋谷生まれ。慶應義塾大学文学部卒業後、1987年、朝日新聞社入社。川崎支局、学芸部、AERA編集部、ニューヨーク支局を経て、2021年から現職。新聞紙面では、コラム「多事奏論」、地方での米作りや狩猟体験を通じて資本主義や現代社会までを考察する連載「アロハで田植えしてみました」「アロハで猟師してみました」を担当する。社内外の記者、ライター、映像関係者に文章を教える私塾が評判を呼んでいる。

主な著書に、『三行で撃つ〈善く、生きる〉ための文章塾』（CCCメディアハウス）、『アロハで田植え、はじめました』『アロハで猟師、はじめました』（共に河出書房新社。前著は同社刊『おいしい資本主義』を文庫化）、『「あらすじ」だけで人生の意味が全部わかる世界の古典13』『朝日新聞記者が書けなかったアメリカの大汚点』『朝日新聞記者が書いたアメリカ人「アホ・マヌケ」論』『アメリカが知らないアメリカ 世界帝国を動かす深奥部の力』（以上、講談社）、『リアルロック 日本語ROCK小事典』（三一書房）、『成長のない社会で、わたしたちはいかに生きていくべきなのか』（水野和夫氏との共著、徳間書店）ほかがある。

百冊で耕す
〈自由に、なる〉ための読書術

2023年3月13日 初　版
2024年2月29日 初版第3刷

著者　近藤康太郎
発行者　菅沼博道
発行所　株式会社CCCメディアハウス
〒141-8205　東京都品川区上大崎3丁目1番1号
電話　販売 049-293-9553　編集 03-5436-5735
http://books.cccmh.co.jp
装幀　新井大輔
校正　朝日新聞メディアプロダクション
校閲事業部
印刷・製本　株式会社KPSプロダクツ

ISBN978-4-484-22233-2